Nurys Beltré

El Cojín
Una respuesta genial

1ra Parte

FORMACCION

El Cojín, una respuesta genial

Publicado por:
FORMACCIÓN SRL

Correción de Estilo: Emiliano Reyes
Diagramación: Lourdes Díaz F.
Diseño de Portada: Monserrat Ramírez

ISBN: 978-9945-8904-0-2

Primera edición: Impreso en E.U.A Diciembre - 2013.

Estas reflexiones están dedicadas en forma especial a todos aquellos que como yo sueñan y creen en un mundo mejor.

A mis hijos Neiquel y Silviana; Carmen e Ismelda, palanca que mueven mi vida pues sin ellos nada tendría razón de ser.

A mis nietas Nicole, María del Carmen y María Alejandra, pues en cada una de ellas veo la continuidad del amor de madre que prodigo a mis hijos y que serán el sostén de nuestras vidas.

A mis nietos Paúl e Iker pues ellos son los pequeños retoños que generarán fuerza y vitalidad a esta familia.

A toda mi familia que siempre ha creído que yo puedo.

A mis alumnos/as en quienes he pensado y por quienes construyo esta propuesta para ayudarlos a creer en ellos mismos, en los demás y en Dios que todo lo puede.

A mis compañeros maestros, funcionarios y empleados de la UCSD de quienes en cada cojín hay parte de ellos.

A la Dra. Celsa Albert Batista inspiradora de este título y de la respuesta genial.

CONTENIDO

PRÓLOGO

La creatividad de la maestra Nurys Beltré Díaz, ha sido puesta a prueba y ha salido airosa al producir la obra: **" El Cojín, una respuesta genial"**, libro orientado a la formación a través de conceptos explicados ampliamente, que lleva al entendimiento y comprensión de la estructura del material.

La maestra Beltre Díaz, tiene una amplia y consolidada formación académica y en valores que la pone de manifiesto en el contenido de la obra. Por ejemplo: Jesús mi cojín; El cojín del amor; El cojín de la alegría; El cojín de la paciencia; El cojín de la felicidad; El cojín de la tolerancia; El cojín de la perseverancia, entre otros.

El contenido, por tanto, de la obra El Cojín, una respuesta genial, es un tratado de reflexiones y auto reflexiones dirigido a orientar a las personas en todas las circunstancias en que se desenvuelve la vida personal, profesional y laboral en sentido general. El Cojín, en manos de la destreza didáctica de Nurys Beltré se convierte en un vocablo o palabra generadora para cambios de conducta, actitudes y aptitudes ante la vida, pero además, logra conectar el pasado con el presente y vincular la esencia del ser humano con su creador Dios y su salvador Jesucristo.

Nurys, maestra de larga data donde pone de manifiesto el espíritu de laboriosidad que le distingue, el aula ha sido un espacio fructífero para la acción de enseñar y aprender, no solo a niños/as, adolescentes, adultos/as, de las diversas profesiones, sino también, una educadora de una pericia didáctica, mediante la cual ha contribuido con la formación de formadores y lo ha hecho trascender su labor, la cual ha sido reconocida por varias instituciones.

En la referida obra, la autora con notable talento y erudición aprovecha la producción de varios escritores, documentos bíblicos y documentos de la Iglesia Católica, entre otros, para vincularlos con el sentido y funciones que ella desarrolla y expresa acerca de las disímiles utilidades del cojín. Las bondades de El Cojín, por tanto, lleva consigo epígrafes, textos en prosa y en versos, colores, figuras, metáforas, que hacen de la obra El Cojín, una respuesta genial, un instrumento y fundamento como camino para lograr la paz.

Profesora Emérita
Dra. Celsa Albert Batista

NOTAS DE LA AUTORA

Estas reflexiones están inspiradas en la búsqueda de respuestas a situaciones de la vida y en la necesidad de compartir con ustedes mis experiencias, inquietudes y anhelos.

Dichas reflexiones son inspiradas por Dios, quien en su misericordia infinita me ha dado las palabras, con las cuales espero llegar al corazón de cada uno de ustedes.

A veces creemos que las cosas que nos suceden son nuestro universo, sin embargo cada suceso, persona o situación son parte de ese universo y en nuestras manos está saber, en qué lugar colocamos cada hecho.

¿Qué significado tienen los cojines?
Son una especie de respuestas que me ha dado Dios ante mi

afán de encontrar réplicas a situaciones inconclusas, a mi petición de encontrar una oportunidad para conocerme, conocer mejor a los que me rodean y trascender en el conocimiento de mi espíritu.

Estas reflexiones hechas cojines coinciden con mi labor diaria como docente, y más aún, con mi aspiración de ser maestra. Son el anclaje que necesito para conectar mi labor con mi vida personal, con mi fe y mi convicción en la bondad del ser humano. Yo no elegí estos mensajes, Dios me eligió a mi para comunicarlos a fin de contribuir al fortalecimiento de la vida emocional y espiritual de quienes lo compartan conmigo.

Con estas reflexiones quiero ser la acompañante que haga presencia en ti, que sea acogida con ojos y corazón abierto; con entendimiento de un niño y una niña; con una actitud de siembra, de trasplante y de cosecha; con un amor desprendido y con disposición de asumir la constancia del cambio.

1. INTRODUCCIÓN

Cuando accedemos a nuestro computador suele presentarse en la pantalla la imagen del centro de seguridad, una ventana que orienta y ayuda a conocer los pasos para asegurar y proteger el equipo de cualquier peligro. Nos alerta e informa acerca de:

-Cómo obtener las informaciones más recientes sobre seguridad y virus.

-Cómo obtener soporte técnico para resolver problemas relacionados con la seguridad.

-Cómo obtener ayuda acerca de la forma de acceder y manejar el centro de seguridad.

Esta alarma te avisa para que conectes el chip que contiene las informaciones que te ayudarán a actuar y responder en forma segura o a tener que resetear el computador para lograr que el chip te ayude a obtener:

Seguridad   Uso del chip de seguridad para influir en los demás.

Protección	Refuerza tus relaciones personales
Ayuda	Permite actuar con probabilidad de éxito
Confianza	Fortalece la confianza en ti mismo
Apoyo	Da sentido del valor propio
Amparo	Ayuda la autoestima
Refugio	Da firmeza emocional
Firmeza	Acentúa nuestras acciones
Fortaleza	Refuerza y templa el espíritu.

La seguridad es algo relativo que nadie puede estar tan seguro que no la necesite y que no tema. Dice un proverbio japonés que *"aún el mono se cae a veces del árbol"*. Esta máxima nos ayuda a hacer conciencia de que nadie está tan seguro que no necesite protección humana y sobre todo divina. La seguridad que nos da el amor de Dios, que nos da la fe en Él, la que según el libro de los Hebreos, cap. 11-1, se describe como *"la certeza de lo que se espera y la convicción de lo que no se ve".*

La seguridad según plantea S. R. Corvey, *"representa nuestro sentido del valor propio, la identidad, la firmeza emocional, la auto-estima y la fortaleza personal"*. Sin embargo, el ser humano está azotado por un sin número de activos negativos que quitan la seguridad, convirtiéndose en promotores de inseguridad que nos hacen tambalear como caña al viento, frágil y sin dirección fija. Los activos de la inseguridad (lo que tengo) son:

- Quiebra por falta de amor
- Soledad por falta de comunión
- Tristeza por falta de alegría
- Desesperanza por falta de apoyo
- Angustia por falta de protección
- Ausencia por falta de presencia

- Silencios por falta de respuestas
- Cansancio por falta de pasión
- Pesimismo por falta de oportunidades
- Oscuridad por falta de luz
- Poder avasallador por falta de autoridad
- Imposición por falta de liderazgo
- Desorientación por falta de metas.

Para contrarrestar estos activos tenemos que construir nuestro cojín con un chip diseñado con visión optimista, que despierte en nosotros entusiasmo y emoción; con una visión desafiante y motivadora, inspiradora e integradora de buenas voluntades de modo que te permita:

- Evadir el pesimismo
- Capturar las emociones
- Despertar pasión
- Enfrentar desafíos
- Emprender nuevos caminos
- Buscar nuevas oportunidades
- Asumir un espíritu innovador
- Conquistar nuevas metas

Con todo esto hago de mi cojín una obra de arte que adorna el acabado de mi mente, con la mejor actitud y la mejor disposición de construir estos cojines que soportarán mis acciones y sueños.

2. EL COJÍN, UNA RESPUESTA GENIAL

E n un momento importante para tomar una decisión en mi vida consulté varias personas cercanas a mi, tanto por una relación de trabajo como de amistad, acerca de qué hacer ante la propuesta de ocupar una posición importante en la institución para la que laboro. La respuesta rápida y concisa fue simplemente genial. Le mostré a mi amiga mi preocupación por el supuesto momento en que decidieran quitarme la posición a la que ascendería, a lo que ella respondió *"Nada, esté preparada con su cojín"*. La sabia respuesta de mi amiga me ha servido de mucho porque, a partir de ahí ocupé mi nueva posición con la certeza de que tenía que hacerlo bien, que debía dejar huellas, pero sin el apego al puesto, que generalmente es pasajero. Aprendí que hay que sentarse en el cojín para hacer menos dolorosa la salida. ¿Qué significado tomó para mí el cojín? Saber que estás preparado para amortiguar la caída, saber que el golpe será menos fuerte y, por tanto, menos doloroso; saber que las posiciones son pasajeras y que van y vienen, saber que estamos protegidos para una caída suave, amortiguada y cómoda; saber que cuando la humillación, el menosprecio y la falta de agradecimiento te hacen sentir menos que nada, ahí esta el cojín para hacerte sentir importante, para hacerte sentir alguien en vez de algo, para hacerte sentir sujeto en vez de objeto, para hacerte sentir persona en vez de individuo.

El cojín me ayuda a no rendirme, a esforzarme para seguir adelante, a luchar por seguir en pie, a empezar de nuevo sin que nada te detenga. Cuando la tristeza, el desánimo y la depresión hacen estragos en ti haciendo que te sientas sucumbir, que has llegado al fondo de la desesperanza y con falta de sentido, de pronto aparece el cojín que cual milagro te sostiene y no te deja llegar al fondo. Un cojín significa comodidad y confort, pero a la hora de usarlo con fines curativos su significado es sostén, seguridad, apoyo, confianza, esperanza y estabilidad.

¿QUÉ ES UN COJÍN?.

Generalmente se describe el cojín como una almohada que ha servido por siglos a personas, grupos y sociedades para proporcionar comodidad, representar ambientes confortables, acogedores, con aires de intimidad, usados por reyes y sultanes para recrear ambientes de gran lujo. El cojín es una obra de arte que adorna el acabado de una casa haciéndola más confortable.

Como objeto decorativo el cojín realiza su función exhibiendo diseños, paisajes y colores tan diversos como el arcoíris. Se construye con las mejores pieles, los más finos hilos y las más valiosas piedras. La parte funcional y práctica es la de proporcionar comodidad para un sueño reparador al acostarnos y mantener la postura correcta al sentarnos, haciendo nuestro trabajo más placentero.

Los otros usos del cojín son servir de sostén a las alianzas en las ceremonias matrimoniales y acoger nuestras rodillas cuando nos hincamos para elevar una plegaria a nuestro Dios. En su aspecto ideal sirve para tejer sueños e ilusiones, bordar nombres y acciones que servirán de fuente de inspiración para la vida.

El cojín te ayuda a levantarte, a acercarte a la meta, a subir más alto, a trascender tu propia estatura, a no rendirte, a esforzarte para seguir adelante, a luchar por mantenerte de pies, o como decía el gran Churchill *"a ver una oportunidad en toda calamidad"*.

En momentos de crisis emocional, laboral, familiar, existencial, relacional o de cualquier tipo, el cojín es el paradigma que guía mi manera de actuar y de enfrentar la dificultad; es el timón de navegación que mantiene el rumbo de mi vida para ver el mundo con una mejor perspectiva de la realidad.

Si partimos del planteamiento de que no vemos el mundo tal y como es, sino que más bien, lo vemos tal y como somos, entonces el cojín construido con la fuerza de la autoestima, la comprensión e identificación con los demás, nos ayuda a ser una mejor persona.

El cojín como modelo o patrón me impulsa a actuar con sensatez. Dependiendo del material con que esté construido, permite el crecimiento personal, profesional y humano de quien se apoya en él. Cuando el material de construcción no es bien seleccionado puede contribuir a que nos quedemos enanos, frenados ante el vertical ascenso del tiempo, rezagados, paralizados o castrados ante la horizontalidad de nuestra relación con los demás. Aferrarnos en forma egoísta a modelos que nos atan a lo que tenemos, no nos deja seguir adelante y menos compartir con los otros haciéndonos esclavos y dependientes de los demás.

¿DE QUÉ ESTÁ HECHO MI COJÍN?

Mi cojín está hecho de confianza en Dios, en mí y en los demás; de seguridad, de esperanza, de respeto a los demás, de optimismo y sobre todo de amor y de verdad. Para como dice Pablo en su carta a los Filipenses cap. 4-13 *"Todo lo puedo en Cristo que me fortalece".*

¿PARA QUÉ USAR EL COJÍN?

Para usar el cojín se hace necesaria, tanto la auto-comprensión, la co-comprensión, así como la hetero-comprensión, a fin de darnos cuenta de la realidad del mundo en que vivimos. Para el uso del cojín es imprescindible conocer a Dios, conocer la realidad entorno a uno mismo y entorno a los demás por lo que, se hace necesario:

La auto-comprensión o conocimiento de uno mismo, que *"es la conciencia de mi estar", "de mi ser",* por tanto me ayuda a saber si estamos tristes o alegres, impacientes o tranquilos, seguros o inseguros, nos ayuda a auto-comprendernos en vez de auto-compadecernos, a estar conscientes de nuestras creencias y dudas, de nuestras esperanzas y desesperanzas.

La auto-comprensión de mi situación me llevará a saber con propiedad cuándo necesito un cojín que me sostenga y más aún qué tipo de cojín (agua, plumas, pajas, guata etc.). La co-comprensión nos ayuda a interactuar con los demás.

La hetero-comprensión nos permite, asimismo, conocer la realidad en torno a los demás y por ende a tratarlos humanamente, a diferenciar entre la apariencia y la verdad, a convivir con los demás, colocarnos en el lugar del otro, creer en el otro, establecer una relación con el otro en base a la enseñanza cristiana de amar al prójimo como a uno mismo, porque te amo te creo.

Esta creencia me anima a no sentir animadversión por los demás por el mero hecho de ser el otro. Sin embargo, sabemos que no siempre los otros actúan con respeto, consideración, sinceridad, estima, valoración, aceptación y tolerancia hacia ti; por el contrario, te traicionan, te agreden, te desprecian, te humillan, te pisotean, te arrinconan, te aíslan, te menosprecian, te engañan, te mienten; en fin, no te quieren y es ahí donde requiere de un apoyo que sostenga una posible caída, el descontento, un desenlace no esperado, una desilusión. Es ahí donde, además, la respuesta genial de mi amiga toma sentido y se convierte en la mejor arma de batalla para no sucumbir, empezar de nuevo, convertir las amenazas en oportunidades y para seguir soñando.

Para describir y conocer al ser humano, hay tres versiones a estudiar:

- lo que él cree ser,
- aquello que los demás creen que es,
- lo que es.*(Unamuno citando a O.Wendell H.).

Hay una relación obligada entre lo que uno cree ser y lo que uno es, porque eso que uno cree ser te impulsa a obrar, a tomar decisiones, a asumir compromisos, a construir la plataforma que sostendrá tu vida, a levantarte de cualquier caída y no rendirte, a construir tu cojín con ingredientes de fortaleza y a dejar de lado la mística ojalatera de la que nos habla San Josemaría Escrivá:

> *Ojalá no me hubiera comprometido,*
> *ojalá no me hubiera interesado,*
> *ojalá tuviera más salud, etc.*

Con respecto a lo que crean de ti los demás, tu actitud debe ser de tolerancia, actuación clave cuando de convivir con los demás se trata. Lo que crean de ti está directamente relacionado con lo que creemos acerca de los demás. *"Todo en la vida esta relacionado a la vez verticalmente, con Dios y horizontalmente, con tu prójimo"*, según nos detalla James C. Hunter. Cuando nos referimos al amor y a nuestra relación con los demás, también es valedera la frase de Hunter que dice: *"no siempre puedo controlar mis sentimientos hacia los demás, pero lo que sí puedo controlar es mi comportamiento hacia los demás"*.

Amar a los demás está directamente relacionado con la realidad única que soy, porque concibo el UNO como esencia del YO, que se da a los DEMÁS. Estas ideas se aclaran aún más cuando vemos lo que señala el apóstol Pedro en su primera carta, cap. 4:10-11: *"cada uno ponga al servicio de los demás el don que haya recibido, administrando fielmente la gracia de Dios en sus diversas formas…"*

¿CÓMO USAR EL COJÍN?

Para usar el cojín lo primero que tengo claro es decidir cuál es el objetivo y la meta que me anima; cuales son las dificultades y desafíos que he de enfrentar ; visualizar el cojín como la tabla de salvación, como mi refugio durante la tormenta; como una protección segura cuando todo lo demás me falla. Usar el cojín es siempre una determinación personal, de uso exclusivo, que no actúa solo, sino que depende de mi, que solo me corresponde a mi, pues está en mi corazón, en mi mente y es parte de mi intelecto. Gracias al uso adecuado de mi cojín he obtenido fortaleza, confianza, sensibilidad ante los problemas de los demás, valoro y estimo a los demás y los entiendo mejor.

¿A QUÉ ME AYUDA EL COJÍN?
• A tener un propósito para vivir.   Mi encuentro con Dios.

- A tener personas con quien vivir.   Mi Comunión con los demás.
- A tener principios para vivir.   Mi Fortalecimiento de fe.
- A tener un trabajo para poder vivir.   Desarrollo de mis talentos.
- A tener autoridad para servir.   Misión.
- A tener esperanza de un mejor vivir.   Visión.
- A tener autenticidad en dar y recibir.   Vivir.

¿CUÁNDO USAR EL COJÍN?

- Cuando hemos sido relegados porque no respondemos a intereses creados.
- Cuando eres víctima de los estragos de la mediocridad.
- Cuando llega el cansancio en la relación con los demás.
- Cuando somos relegados por actitudes egocéntricas de compañeros, jefes, familiares, amigos y parejas.
- Cuando somos víctima de nuestros propios miedos y hemos perdido el contacto con nosotros mismos.
- Cuando se nos han arrebatado logros que por derecho nos corresponden.
- Cuando tenemos precariedades en nuestra vida familiar.
- Cuando por nuestras ingenuidades hemos sido malinterpretados y desdeñados.
- Cuando se nos han cerrado las puertas a nuevos caminos y oportunidades.
- Cuando nos sentimos en déficit y con vacíos existenciales.
- Cuando tenemos precariedades en nuestra vida laboral.

• Cuando la relación con la familia y con los demás entra en crisis y nos envuelve el caos.
• Cuando nuestra fe en Dios y en lo creado por El flaquea.
• Cuando la humillación, el menosprecio y la falta de agradecimiento nos hacen sentir menos que nada.

Para elaborar estos cojines hemos usado el criterio de no sobreabundar por aquello de que:

• Dios está en los detalles.
• De lo bueno poco.
• Menos es más.
• De lo malo nada.
• La vida está hecha de detalles.
• Es mejor poco que nada.

3. JESÚS, MI COJÍN

" ¿Quien es Jesús? " Yo soy el camino, la verdad
y la vida, solamente por mí se puede llegar al padre".
Juan Cap. 14:6-7

Comparar a Jesús con un cojín parecería grosero e irreverente. Sin embargo, concebido el cojín como el sostén, el apoyo y plataforma de aterrizaje de los diferentes vuelos que emprendemos en la vida, o como la fuerza, la libertad, la seguridad que nos sustenta, entonces Jesús es el cojín que sostiene mi fragilidad, me libera del temor y me conduce a la libertad y a la justicia.

Hay un cojín que me inspira mi señor Jesús, el cojín de la oración, un canal abierto para dar paso al amor de Dios, entender sus sabiduría y poder alcanzar sus bendiciones y abundancia, las cuales recibo cuando me hago receptivo a la bondad de Dios para así poder enviar pensamientos positivos a los demás.

El cojín hecho con la vida de Jesús, de sus ejemplos y enseñanzas, me sirve de aliento y consuelo a la hora de una pérdida, enfermedad o muerte, pues en ese momento lo construyo con la certeza que me da la fe en Dios y en su hijo Jesucristo, único camino para la salvación eterna; puerta para entrar al cielo.

El cojín de Jesús lo he de construir:

Con fe, certeza de su amor por mi;

Con amor, fuente de la vida;

Con entrega, cumplimiento de una vida digna;

Con verdad, conocimiento de mis fortalezas y debilidades;

Con pasión, el mayor acto de Jesús para salvarnos y redimirnos del pecado.

El cojín que construyo con la vida de Jesús y el amor que me inspira, me ayuda a ver el lado positivo del vendaval que puede llegar a mi vida en un momento dado; Él me ayuda a resistirlo de manera segura y a crecer sana y robusta con el prodigio de sus lluvias. El amor de Jesús por nosotros lo describe el apóstol San Pablo en su carta a Timoteo, en el cap. 2: 11-13: *"Muy cierto: si hemos muerto con él, también viviremos con él; si sufrimos, tendremos parte en su reino; si le negamos, también él nos negará; si no somos fieles, él sigue siendo fiel, porque no puede negarse a sí mismo"*. Jesús nos ama a pesar de nosotros mismos.

¿Quién es Jesús? pregunta obligada de todo cristiano. Para responder a esta interrogante basta con hacer un recorrido por la Biblia que nos dice:

"Jesús es la piedra angular…" Salmo 117:22. Fuente y fundamento de nuestra vida.

"Jesús es la vid verdadera…" Juan 15: 1-5. De tal modo que Jesús fructifica en nosotros y nosotros en él, así que somos cultivados por el Padre.

"Jesús es el camino," *"Yo soy el camino, la verdad y la vida. Solamente por mí se puede llegar al Padre"*. Juan 14:6-7.

"Jesús es resurrección…" Juan 11:25. Solo viviremos cuando

creamos firmemente en Jesús.

"Jesús es la puerta…" Juan 10:7-9. Es la puerta por donde hemos de pasar todos los que creemos en él y que por su amor seremos salvos.

"Jesús el buen pastor…" Juan 10:11-15. Es el que nos cuida, nos protege, nos defiende y da su vida por nosotros.

"Jesús es la luz…" Juan 8:12. Ilumina nuestras mentes y corazones para que obedezcamos al Padre y creamos en él.

"Jesús es un río de agua viva…" Juan 7:37. Es la fuente del espíritu y a través de sus aguas nos dará vida.

"Jesús es la palabra…" Juan 1:1-14, 6-61. El propio Jesús da testimonio de que las cosas que ha dicho a sus discípulos son espíritu y vida. Pedro confirmó lo dicho por Jesús cuando señaló *"Tus palabras son palabras de vida eterna."*

"Jesús es el pan…" Juan 6:35. El propio Jesús dijo *"Yo soy el pan que ha bajado del cielo"* Juan 6:41. Es el pan de la vida que nos sacia para siempre en todo momento y ocasión dándonos vida eterna. *"Yo soy el pan de vida, el que viene a mi nunca tendrá hambre y el que cree en mi nunca tendrá sed".* Juan 6:35.

"Jesús es amor…" Juan 3:19. Es el amor de Dios para el mundo que nos has de redimir del pecado.

"Jesús es el cordero…" Juan 1:29. Jesús es el cordero que se sacrifico por nosotros con su muerte en la cruz.

"Jesús es el agua…" San Juan 4:13-14. *"Todos los que beban de la fuente del mundo, no se saciarán, pero el que beba del agua que yo le daré, nunca volverá a tener sed".*

"Jesús es la fe…" *"El que cree en el hijo, tiene vida eterna, pero el que no quiere creer en el hijo no tendrá esa vida."* Juan 3:36.

"Jesús es la verdad…" Juan 14: 6-7

"Jesús es la vida"

"Yo soy el camino la verdad y la vida; nadie viene al padre sino por mi"

4. EL COJÍN DEL AMOR

"El amor es el centro de gravedad del ser humano..."
San Agustín

Hay un material sublime que usado en la construcción de mi cojín lo convierte en la mejor arma de lucha EL AMOR, que al decir de los griegos ya como filia o ágape son formas de amores incondicionales que hacen referencia al *"amor del comportamiento y la elección".* O la otra versión que nos hace ver el amor como sufrimiento que redime *"la medida del verdadero amor es amar hasta que duela".* Madre Teresa de Calcuta.

Los estudiosos de las leyes del Universo afirman que la vida se rige por decretos de la mente humana y el pensamiento de cada uno de nosotros. Aseguran que *"lo que decretes hoy para tu vida será lo que sucederá".* Si afirmas *"yo no sirvo, lo que pienso y digo no es importante, las cosas que hago no valen para nada...".* Cuando afirmamos esto, no estamos amando; por el contrario, estamos castrando nuestras posibilidades y acomodándonos en un cojín de pensamientos negativos que nos hace vulnerables y fácil presa de la depresión y la amargura. Vamos a construir el cojín con pensamientos positivos como *"yo sirvo para hacer cosas buenas, lo que pienso y digo es importante, las cosas que hago valen para mí y para otros"*. Demuestro con este decreto que amo lo que hago, que voy a poner empeño en hacerlo mejor y que el cojín que sostiene mi intelecto me ha de ayudar a crecer.

El cojín del amor nos da la fuerza para empezar de nuevo cuando creemos que todo ha terminado. El amor activa las fuerzas que hemos acumulado con un vivir sano, libre de malos pensamientos y malas acciones; estas fuerzas se encuentran en nuestro espíritu y en nuestro cuerpo haciendo que la vida biológica se prolongue, contrarrestando los efectos dañinos que producen en nosotros las enfermedades que afectan el cuerpo, las cuales son propias de la forma de vida.

La edad biológica la podemos mejorar en contraposición a la edad cronológica, pero para eso tenemos que amarnos con un amor dosificado en el día a día; un amor que evite la vejez precoz, al desintoxicarnos, aprendiendo a alimentarnos para asegurar una mejor nutrición celular, escenario de la nutrición espiritual. El amor se manifiesta cuando cuidamos nuestro espíritu, cuando encontramos sentido a la vida. Su Santidad Juan Pablo II nos habla de la pobreza espiritual, la que describe como *"carencia de alimento espiritual"*, y la que considera de consecuencias *"trágicas para el ser humano"*, cuando el mismo la describe como *"Una vida vacía de sentido; Falta de respuestas a cuestiones esenciales; Falta de esperanza para la propia existencia"*.

El amor nos ayuda a cuidar la mente, llenándola de pensamientos positivos, con alegría, con propósitos de paz y armonía, con hábitos de reflexión sobre el amor inmenso que nos tiene Dios.

Amar a los demás implica amar a los amigos, los cuales debemos amar tal y como son; estar dispuestos a perdonar aún cuando te lastimen, y ser incondicional para ellos. La amistad y el amor no terminan con el tiempo, más bien se añejan adquiriendo mayor consistencia. La actitud del que ama está revestida de: paciencia, humildad, respeto, generosidad, compromiso, solidaridad, comprensión, unión e indulgencia.

Amar es de alguna forma estar atento a las necesidades de los demás, es apreciar, valorar y considerar a los demás, identificar sus buenas acciones y reforzarlas con el reconocimiento y con palabras de agradecimiento. *"Amarás a tu prójimo como a ti mismo"*, es el mandato bíblico del cual nos habla Pablo en su carta a los Gálatas cap.5:14-15, donde hace tal hincapié y donde también señala: *"háganse esclavos de los otros por amor"*. Y en ese mismo sentido nos dice San Juan: *"Si alguien dice que ama a Dios a quien no ve y no ama al hermano a quien ve, es un mentiroso"*. De manera que en cualquiera de las citas bíblicas aquí mencionadas hay un llamado claro a amar a los demás. ¿Cuál es la fórmula que nunca falla para amar, dejar que te amen y mostrar el amor por los demás?:

-Mostrar admiración por las cosas buenas que hacen o dicen los demás;

-Seguir al corazón que es el centro del poder del amor;

-Tener en cuenta que cuanto más me amo, más amo a los demás

-Resaltar los aspectos positivos de los otros.

-Tratar de despertar las cosas buenas que intuimos y que sabemos tienen los demás.

-Estar abiertos para dejar entrar el amor de los demás.

-Construir puentes porque alguien nos espera al otro lado.

-Prestar el hombro para ayudar a los otros.

Cuando nos referimos al amor en relación con los demás, también se hace valedera la frase: *"no siempre puedo controlar mis sentimientos hacia los demás, pero lo que sí puedo controlar es mi com-*

portamiento hacia los demás" J.C. Hunter.

El amor por los demás está directamente relacionado con esa realidad única que soy, cuando concibo el Uno como esencia del Yo que se da a los demás incondicionalmente, como lo señala San Pedro cap. 4: 10-11: *"cada uno ponga al servicio de los demás el don que haya recibido administrando fielmente la gracia de Dios en sus diversas formas".*

En lo que respecta al amor de Dios, este amor tiene una sola condición y es la aceptación por parte nuestra de su amor, por aquello de que *"Dios no escoge ni puertas ni ventanas, Él sólo entra en el corazón de los que le aceptan".* ¿A qué nos ayuda el amor de Dios? es muy simple, nos ayuda a vivir con plenitud. Ahora, ¿quién es un ser humano pleno?:

-El que usa los bienes para socorrer los males;

-El que vive con alegría;

-El que sabe que somos hechura de Dios y lo incluye en sus planes y proyectos;

-El que asume la auténtica vida del cristiano;

-El que ve en cada ocasión la oportunidad de hacer amigos.

Para conocer a Dios más profundamente nadie lo describe en forma más sencilla que San Josémaría Escrivá de Balaguer en el Opus Dei, cuando dice: *"amas a Dios y a los hombres al poner amor en las cosas pequeñas de vuestra jornada habitual, describiendo ese algo divino que en los detalles se encierra".* Ese conocimiento y amor profundo por Dios lo describo en el cojín culmen de mi vida, el amor a Dios, unos versos que escribí en 1989 en mis años de poeta callada, titulados *"Con todos, con algunos y con Dios".*

"Con todos los hombres del mundo
sostengo un lenguaje mudo
cuando veo a cada uno

y lo comparo con Dios"
NB *1989*

El amor no se acaba, no muere, ni termina; más bien se transforma haciendo que el conflicto que se genera en nuestra relación con los demás, que muchas veces nos frena, nos paraliza y nos llena de angustias, sirve como acicate para reiniciar, para conocer, para volver a empezar y lograr que la crisis inicial que nos desestabiliza en el reencuentro nos ayude a restablecer el orden. San Agustín le puso un valor a nuestra vida, *"tanto vale cuanto amas"*. Muchas frases nos describen el amor con simples palabras:

-*"El amor es el centro de gravedad del ser humano";*

-*"El amor es el dínamo de la voluntad";*

-*"La historia personal es siempre un drama de amor";*

- *"La persona es lo que ama";*

-*" DIOS ES AMOR";*

-*" El lenguaje del amor es el tú";*

- *"El amor es la sustancia y belleza del alma";*

-*"Tanto vales tanto amas".*

En lo que respecta al amor erótico podemos decir que es: *"emoción intensa que une a un hombre y a una mujer"; "sentimiento profundo y único que nos une en entrega total".*

El amor es una fuente de inspiración para actividades y grandes acciones que desarrollamos; es práctica no palabras, por ello se hace valedera la frase de J.C.Hunter de que *"tus actos siempre hablaran más alto e infinitamente más claro que tus palabras".*

El autor de estas palabras se refiere a los actos del amor, a la fuerza que *"nos lleva a realizar nuestro trabajo con perfección".* O como señala San Josemaría Escrivá de Balaguer en su Homilía del Opus Dei: *"desempeña con amor lo más intrascendente de las acciones diarias, aquello rebosa de la trascendencia de Dios".* La frase por si sola nos da a entender lo importante de hacer las cosas con amor. La sabiduría del que ama está en aprender a amar. En el caso específico del trabajo, cuando elegimos amar el trabajo que desempeñamos todos los días podemos alcanzar el máximo de felicidad, propósito y satisfacción.

Cuando elegimos amar a la pareja experimentamos un amor que nos hace capaces de crear, de confiar, vibrar y de sentir las más sublimes emociones, las cuales expongo en estos versos:

"Te amo porque quiero crear
las palabras sentidas que te hagan pensar
que te quiero y que puedes confiar
que podremos del sol sus reflejos tocar".
(fragmento poesía NB 1989)

5. EL COJÍN DE LA ALEGRÍA

"La vida se vive de instantes, por tanto, nada es más beneficioso que vivir cada uno de los momentos con alegría".
NB

El cojín de la alegría se construye a partir de la convicción de sabernos hijos de Dios. Interpretando a Miguel de Unamuno decimos que *"en el mundo que vemos, vemos a Dios"*, por tanto es conveniente hacer las cosas para agradar a Dios, sin perder de vista que, para que Dios nos ame tenemos que amarnos nosotros mismos, para que Dios nos perdone tenemos que perdonarnos nosotros mismos. Amando lo que Dios ha hecho estamos amándolo a Él y a toda su obra y la mejor forma de amar la obra de Dios es sonriendo, es estando alegres y contentos con lo que nos rodea, fruto del poder creativo de Dios.

La frase *"La vida me sonríe si le sonrío"* es un buen soporte para mostrar la alegría que nos produce el estar vivos, ya que el vivir con alegría es la forma de agradecer a Dios el don de la vida y todo lo que en ella se da, es la manera de atraer hacia nosotros las bendiciones y la alegría que Él nos da.

Estar positivos, gozosos, relajados y alegres es la manera más sabia de conectarse con la vida y disfrutar las delicias que ella nos ofrece. Cuando estamos alegres estamos moviendo fuerzas y energías que favorecen el sentirnos más satisfechos y contentos con la vida.

La vida se vive de instantes, por tanto, nada es más beneficioso que vivir cada uno de los momentos con alegría, con una actitud de conciliación y de reconciliación con nosotros mismos, con los demás y con Dios.

Para el logro del éxito a partir de los sueños, una de las fórmulas más efectiva, es visualizar lo que queremos y llevarlo a cabo con alegría, con esa alegría que nos da la convicción de que lo lograremos, con una alegría que es muestra de sabiduría, con una alegría que emana confianza en Dios y que describimos en estos versos:

Y me invade señor,
una alegría casi divina
Que hace que sonría,
cuando alguien me lastima.
Y me siento cómplice,
de saberme amiga.
Del que más nos ama,
del que me cobija y abriga mi alma.
NB 1990

El escoger una actitud de alegría para enfrentar el día a día, nos obliga a mostrarnos con nuestra mejor cara, con la mejor disposición de ser feliz y hacer feliz a los demás, una actitud que nos mantiene sanos y que desencadena una energía de bienestar, de positivismo y de satisfacción. Por otro lado, está la alegría de la generosidad, la que nos permite poner el hombro para socorrer a los demás, y que es fruto del amor del que nos habla Raúl Follereau cuando dice: *"Dar sin amor es una ofensa, y no basta dar, hay que darse".* Y en ese darse generosamente está el ingrediente de la alegría.

Una de las maneras de expresar y liberar nuestra alegría es la risa, la cual constituye la forma de expresar nuestra alegría ante Dios, de expresar gratitud a los demás, de proyectar esa felicidad que contagia y se convierte en expresión de amor, encuentro, comunión y entendimiento, que hace al amigo más amigo; porque me río contigo, y al hacerlo movilizo 76 músculos de la cara y los ojos, una de las mejores curas para el alma, pues al reír liberamos hormonas que causan felicidad y la felicidad es salud, la felicidad es vida.

La risa que produce la alegría baja el nivel de cortisona bajando nuestros niveles de estrés. El cojín de la alegría se convierte en una terapia para ayudar a cambiar nuestros estados de ánimo y nos ayuda a sentirnos mejor. Te ayuda a cambiar las preocupaciones por placer, te ayuda a ver lo positivo de ti mismo y de los demás. La risa puede empezar siendo estimulada y terminar siendo auténtica y curativa.

Desde el amor, la alegría nos ayuda a relajarnos, a llorar y a sanar la depresión, la amargura, la tristeza, las enfermedades y a desarrollar y mantener el buen humor; nos sirve, además, para conocer y desechar la risa fingida, la risa nerviosa, la risa burlona, la risa fruto del miedo, la risa que amenaza con nuestra estabilidad emocional y que puede llevarnos a un estado de crisis que se atenúa cuando recurrimos a la risa auténtica, a la risa verdadera que produce la alegría y que cura el cuerpo y el alma.

6. EL COJÍN DE LA PAZ

"La paz es esa serenidad, es esa quietud que fluye de lo más profundo de nuestro ser para convertirse en un remanso de tranquilidad".

NB

E l cojín hecho de paz es el cojín de la armonía, es la respuesta más adecuada cuando estamos frente a los conflictos, cuando nos abate la crisis, cuando la vida nos cambia el guión en tiempo de tempestades, cuando enfrentamos la arrogancia; es ahí cuando tenemos que mostrar una actitud de paz; ser tolerantes, tranquilizarnos, entrar a nuestro interior y buscar esa fuerza y esa paz que esta dentro de nosotros y que muchas veces perdemos por no saber reconocer las cosas que la hacen perdurable. Perdemos la paz cuando damos paso a los celos, al egoísmo, al acaparamiento, a la envidia, al rencor y por no dar el lugar que merece a las personas que nos rodean; perdemos la paz por no reconciliarnos con nosotros mismos.

La paz es el fruto que cosechamos cuando cambiamos en el trato con los demás:

•Agresión por compasión.

•Omisión por reconocimiento.
•Heridas por bálsamo.
•Indiferencia por presencia.
•Diferencias por acuerdos.
•Preferencias por referencia.
•Mal por bien.
•Manejo por dominio de la emoción.
•Tristeza por alegría.
•Rencor por perdón.
•Violencia por serenidad.

La madre Teresa de Calcuta estableció bien claro la importancia que tiene la paz para el ser humano, como base fundamental para la felicidad, en la siguiente frase: *"Si tienes paz y eres feliz las personas pueden sentir envidia. Aún así se feliz"*.

La paz es esa serenidad, esa quietud que fluye de lo más profundo de nuestro ser para convertirse en un remanso de tranquilidad que hace que, *"como el pez en el agua"*, nademos contra corriente, con una actitud de espera que poco a poco nos hace parte de ella. Somos cocreadores de paz y al crear paz en nuestro interior y convivir en paz con los demás, la paz se convierte en nuestro mayor activo.

En la dinámica del universo la práctica de la paz nos convierte en entes de paz, soñamos con la paz; nos comprometemos con la paz, cultivamos la paz, construimos la paz y vivimos en paz.

Aún cuando nos abaten los más crueles agravios como la injuria, el enojo, los insultos, la tracción, el desprecio o cuando somos juzgados injustamente, se hace necesario hacer acopio de la paz, que se puede definir como:

•Estar tranquilos sin llegar a lo pasivo.
•Tolerar sin dejarse humillar.

•Dirimir los conflictos sin llegar a ser conflictivos.
•Unirse al cosmos sin diluirse.
• Fluir y confluir sin confundirse.
•Vivir al margen sin marginarse.
•Relajarse sin caer en el relajo.
•Ser comprensivo sin llegar a ser permisivo.
•Entregarse sin llegar a ser entreguita.
•Servir sin llegar al servilismo.
•Mostrar interés sin llegar a ser interesados.
•Actuar con sacrificio sin llegar a ser sacrificado.
•Poner límites a las aspiraciones sin llegar a ser limitado.
•Aprovechar la soledad sin llegar a desolarnos.
•Estar quieto sin llegar a paralizarnos.

La paz como todo lo que contribuye a formar y desarrollar al ser humano se da en tres dimensiones:

1) La primera es la paz interna que se produce al interior de la persona, del alma, del ser, es la que necesitamos experimentar cuando estamos atemorizados, descontrolados, angustiados y/o abrumados, para lo que se hace necesario asumir una actitud de tranquilizarnos, de sosegarnos y alejarnos de situaciones negativas y relajarnos. La paz es fruto de la sabiduría, de la justicia y de la alegría. Así lo señala S.S. Juan Pablo II cuando afirma: *"No hay sabiduría sin paz, no hay fuerza sin justicia, no hay alegría sin confraternidad"*.

2) La segunda dimensión es la paz compartida que experimentamos o que necesitamos experimentar en nuestra relación con los demás. Una vez que aseguramos la paz interior nos convertimos en instrumento de paz, pues sin proponérnoslo, creamos un ambiente tranquilo, mostramos nuestro amor a los demás y bendecimos el contacto con los demás: familias, compañeros de trabajo, jefes, amigos y compañeros

de comunidad. Nos hacemos eco de las palabras del Apóstol Pablo cuando dijo: *"Paz sea a los hermanos y amor con fe, de Dios padre y del señor Jesucristo".* Efecio cap. 6-23.

La paz se alcanza a través de métodos comunes, tomando en cuenta al otro y respetando el punto de vista de los demás, agradeciendo los favores recibidos, sirviendo a los demás y compadeciéndonos por los demás.

3) La tercera dimensión es la paz del espíritu que la da el contacto trascendental con Dios y que va a ser alimentada con las maneras como manejo mi paz interior y la conciliación con lo demás, a partir de una actitud mansa y receptiva en la relación con los demás, pues Dios le reveló a David que *"Los mansos heredaran la tierra y se recrearan con abundancia de paz",* Salmo cap 37-11. En la medida en que mi mente y mi corazón se alinean con el amor divino, mis inseguridades, mis dudas, inquietudes y tormentos se disipan y vivo en paz conmigo mismo, con todos y con Dios.

7. EL COJÍN DE LA PACIENCIA

"Feliz el hombre que soporta pacientemente la prueba, porque,
después de probado, recibirá la corona de vida que
el señor prometió a los que le aman".
Santiago cap. 1-12

L a paciencia nos ayuda a equilibrar nuestra tolerancia y a hacer uso de la conciencia que nos permite
alinear mente, cuerpo y espíritu. Para tomar la decisión correcta sin dejarnos llevar en forma poco consciente
de los sentimientos, las ilusiones y las emociones, que si bien
es cierto alimentan nuestras actitudes, debemos equilibrarlas
con los conocimientos y razonamientos. La paciencia es paz,
serenidad y tranquilidad que fluye del alma; es ciencia, sabiduría que nos ayuda a vivir en armonía con la vida.

Ser paciente es una ley del universo que se hace presente
en nuestra propia naturaleza de ser vivo, que ha sido gestado,
que nace, crece, se desarrolla y muere; para cada una de estas
etapas el ser humano tiene que ser paciente para dejar que
se produzca en forma espontánea y natural; lo mismo pasa
con las plantas y animales que si violentamos estos procesos
se manifiestan, perecen o mueren. La paciencia vista como

una manifestación del dominio de sí mismo nos invita a ser prudentes y a actuar de manera sabia partiendo de que *"hay un tiempo para cada cosa, y un momento para hacerla bajo el cielo"*. Eclesiastés cap 3-1. Asimismo, Santiago cap. 1-12 nos dice: *"Feliz el hombre que soporta pacientemente la prueba, porque, después de probado, recibirá la corona de vida que el señor prometió a los que le aman"*. La vida se vive de instantes, por tanto, es de sabios cuidar cada instante como si fuera el último, y volviendo a Eclesiastés cap. 3-1 *"En este mundo todo tiene su hora; hay un momento para todo cuanto ocurre"*. Con la paciencia que nos da el saber que hay que vivir con madurez, que hay que darle tiempo al tiempo, el que hace el árbol más duro, con mejor madera y de fruto más apetecible y delicioso, el tiempo que hace del bosque la más bella alfombra para cubrir la tierra. La madurez es fruto de la experiencia que se adquiere cuando vencemos las decisiones equivocadas y cuando somos capaces de esperar sin desesperar los brotes del bambú después de cinco años de enraizar.

Vivir en forma paciente nos ayuda a vivir más sanamente, en razón de que *"la paciencia es el tiempo que se necesita para no enfadarse"*. Cuando llegamos al límite porque ya el cansancio nos ha agotado, porque ya las fuerzas nos han abandonado, es entonces cuando tenemos que armarnos con la más efectiva de las armas, la paciencia, que hace de nosotros seres humanos fuertes, capaces de soportar todas las pruebas y mantenernos firmes como Job, convencidos que después del frío invierno si esperamos pacientemente, al fin llega la florida primavera. *"Feliz el hombre que soporta pacientemente la prueba, porque, después de probado, recibirá la corona de vida que el señor prometió a los que le aman"*. Santiago cap. 1-12. Asimismo, hagamos nuestro el proverbio sefardí que dice: *"La hora más oscura es cuando está por amanecer"*. Seamos creadores de amaneceres, ya que *"el amanecer es lo que hace que tu quieras que llegue la noche"* NB. Esperemos con paciencia, que eso significa vivir en paz y con sabiduría.

8. EL COJÍN DE LA COMPRENSIÓN Y LA AMABILIDAD

*"La comprensión no es más que entender, conocer y analizar
críticamente la realidad".*
NB

Muchas veces nuestro mundo se torna confuso, lleno de dudas y oscuridad, donde las relaciones con los demás son difíciles por las traiciones y mentiras que las envuelven; situaciones que nos coloca en una encrucijada y muchas veces al borde de la desesperación, pero para afrontarlas tenemos que armarnos de sabiduría, de herramientas que nos permitan construir nuestra propia realidad. El cojín de la comprensión nos llevará a escudriñar en el yo interior, donde están esas fuerzas, donde está ese poder, esa luz que ha de salvarnos y que como un rayo o una pequeña chispa ha de consolarnos y ayudarnos a comprender nuestro potencial interno; ese cojín hará que resplandezca la luz de la comprensión y nos inspirará con el conocimiento del amor divino que nos redime y reivindica, fortaleciendo las ansias de sobreponernos y de vencer.

La palabra comprender, por un lado, es entender al otro

con una actitud afectiva que nos lleva a acercarnos, a colocarnos en el lugar del otro; pero también significa acción cognoscitiva que lleva, de manera sapiente a tener conocimiento conceptual y procedimental de la realidad. En lo que se refiere a la parte afectiva, comprender al otro es tener en cuenta que la primera impresión no es siempre la correcta, en vista de que, detrás de una apariencia hay un ser humano con las mismas potencialidades, inquietudes y deseos propios de la naturaleza humana. Comprender a los demás es tan importante como comprender nuestra propia realidad. La capacidad de comprender a los demás poniéndonos en el lugar del otro es parte de la conducta altruista que se genera a partir de la comprensión de las necesidades ajenas y las necesidades de uno mismo, acción que nos orienta a ayudar a las personas que lo necesitan y a ser puente de hermandad.

Comprendemos a los otros cuando:
- Sentimos empatía hacia los demás.
- Percibimos los hechos desde el punto de vista de los demás.
- Nos sentimos motivados para ayudar a los demás.
- Compartimos lo bueno y lo malo con los demás.
- Comprendemos mejor a los demás.
- Estimamos, queremos y apreciamos a los demás.
- Consideramos, somos amables y pacientes con los demás.
- Alentamos y estamos presentes para los demás.
- Toleramos y somos solidarios con los demás.
- Respetamos y valoramos la diversidad.

Si consideramos la comprensión en el plano cognitivo, desde lo conceptual y lo procedimental, esta no es más que entender, conocer y analizar críticamente la realidad. La comprensión considerada desde este ángulo nos ayudará a vivir e interpretar los hechos desde el pensamiento crítico, a partir del entorno natural o social, para vivir armónicamente con el y para transformarlo. La comprensión de la realidad nos hace vivir de cara al cambio y en forma más creativa e innovadora, nos ayuda a tomar las decisiones que contribuyan a mejorar las relaciones sobre la base del diálogo, de la participación y el respeto mutuo. Si partimos del hecho de que *"dos personas pueden ver las mismas cosas, y ver algo totalmente diferente"* entendemos entonces que la comprensión juega un papel estelar, el de ayudar a buscar *"los puntos comunes que nos unen"* y a tolerar aquellos puntos que no lo son.

9. EL COJÍN DE LA HUMILDAD

*"Para luchar contra el ego y la falta de humildad tenemos
que practicar el desapego… elevarnos a un plano superior
con ayuda de lo divino".*

S.S. Juan Pablo II

El apóstol Santiago nos recuerda que *"el hermano de condición humilde debe sentirse orgulloso por haber sido elevado".* Santiago cap.1-9. Son palabras sencillas, pero de gran valor, ya que nos advierten que en la pequeñez está nuestra grandeza. Por eso los hombres y mujeres más sabios de la humanidad han sido los seres humanos más humildes, son los que *"han bajado la cabeza para poder levantar la vista".* Un ejemplo de este precepto lo es Jesucristo, quien en su inmensa sabiduría divina nos prescribe que, *"Si quiere mandar tienes que servir", "para ser el primero hay que tener voluntad de servicio".* La humildad de Jesús junto al servicio y su sacrificio incondicional por la humanidad fue una prueba irrefutable de su amor por los más humildes y por los que entregó su vida. Otro dechado de humildad es el famoso filósofo Lao- Tse, el "Viejo Maestro" chino que nos dice: *"si quieres ser el primero entre la gente debes ir detrás de ellos".* Coincide con Jesús en que para *"ser el primero, deberá ser el último de todos y servirlos a todos"*. Marcos cap. 9-25. La grandeza de un hombre y de una mujer está en ser parte de los otros, en colocarse en su lugar, interpretar su sentir y ser parte de ellos.

La humildad en Gandhi se pone de manifiesto en su plegaria: *"Señor, si me das éxitos, no me quites la humildad, si me das humildad, no me quites la dignidad"*. Oración de Gandhi, *"Mis buenos días"*, R. Molina. Kung fu-Tze, predicó la humildad del ser humano cuando con sabiduría asume el Li o normas regulativas de las relaciones sociales basadas en el respeto de unos a otros, amparado en la máxima *"no hagas a los demás lo que a ti no te gustaría que hiciesen contigo"*. Decía este sabio chino que la superioridad del hombre está en su benevolencia hacia los demás. *"Servir a los otros es servir a Dios en las otras personas"*. Cuando vivimos la vida con humildad, vivimos en la verdad, lo que es contrario a vivir de espalda a la realidad, lo que, a su vez, es un fraude y una situación que expongo en los siguientes versos:

"Que pena me da la humanidad
Y con ella mi propia condición de humano
Que pena me dan los Hambrientos de humildad
Y con ellos mi propia hambre.
NB. 1989

A veces no nos acercamos a Dios porque las señales que Él nos da para reconocerlo se producen a través de una persona o grupo de personas de humilde condición, que nuestro orgullo no tolera, que nuestra ceguera espiritual no nos deja ver, que nuestra arrogancia aplasta sin contemplación, dejándonos huérfanos de Dios, y ciegos para ver que el humilde es manso como un buen perro o como un caballo domesticado. El ser humano humilde se deja conquistar y amar, pero a la vez se conquista y se ama a si mismo y por extensión ama y conquista a los demás. Saca provecho de las cosas positivas de la vida haciendo verdad el dicho popular, pero muy verdadero *"La oveja mansa se mama su teta y la ajena"*. Leyendo uno de los periódicos de circulación diaria leí la frase: *"Se humilde en el triunfo y grande en la derrota"*. Realmente los seres humanos que estamos impelidos a actuar en función de nuestro ego (Yo verdadero), tenemos dos caras, como una moneda; por un lado lo que realmente somos y por el otro lado, lo que aparentamos ser. Generalmente somos egoístas y aprovechamos el triunfo para avasallar, menospreciar, humillar y hacer sentir al otro el poder que ostentamos, cuando desde nuestra falta de humildad actuamos con falsedad y con arrogancia, aplastando a los demás. Para luchar contra el ego y la falta de humildad tenemos que practicar el desapego, el darse y la entrega, *"elevarnos a un plano superior con ayuda de lo divino"*. S.S. Juan Pablo II, líder de gran autoridad moral y espiritual, ejemplo y modelo de humildad.

10. EL COJÍN DE LOS SUEÑOS

"Para que los sueños se vuelvan realidad siempre hay que ir más allá, soñar con lo ideal para poder lograr lo posible".
NB

Los sueños tienen un poder extraordinario, tienen el poder del amor, por tanto al soñar hay indudablemente una visión creativa de tu vida, que se proyecta en el antes, en el ahora y el futuro. Los sueños son la reproducción de nuestras habilidades, propósitos, potencialidades, capacidades, actitudes y valores. Con los sueños nos convertimos en coproductores y cocreadores de la realidad, con ellos aprendemos a conectarnos con nuestro ser, para poder saber, hacer y tener.

Las habilidades para soñar las desarrollamos a partir de la meditación, la concentración y la visualización, estas nos ayudan a hacer una introspección de nuestro interior para saber lo que realmente queremos, así poder visualizarlo y ponerlo en acción.

Los propósitos nos ayudan a tener una actitud positiva que nos lleva a querer soñar en forma sana: física, mental y espiritualmente. Eso que queremos, los deseos, aspiraciones y metas lo podemos lograr a través de los objetivos propuestos, los cuales están relacionados con las personas, las parejas, los amigos, el dinero, la sabiduría, la inteligencia, los viajes, etc. Los proyectos y metas nos dan las pautas para vencer el miedo, la escasez, la desesperanza, los conflictos, las frustraciones y fracasos.

¿Cómo lograr los sueños? Existen pasos fundamentales para elaborar una guía que permita el logro de los sueños.

- Plantearse afirmaciones positivas:
- Quiero ser feliz.
- Quiero tener éxito en mi vida personal.
- Quiero tener éxito en mi vida familiar.
- Quiero tener éxito en mi vida laboral.
- Quiero tener abundancia de la gracia de Dios.
- Dios me ama y me bendice.
- Soy una criatura de Dios.
- Soy una persona prospera y estoy sana.

- Visualizar los obstáculos posibles y los inconvenientes que se puedan presentar y que tenemos que enfrentar:
- Al tocar puertas, algunas se cierran.
- Hacer conciencia de los problemas de salud física y mental.
- Enemistades que no hemos buscado.
- Exceso en el consumo y el gasto diario.
- Falta de preparación.
- Miedo a enfrentar situaciones difíciles.

- Plantearnos las acciones a realizar para hacer realidad nuestros sueños:

- Limpiar el cuerpo y la mente de pensamientos tóxicos.
- Fortalecer nuestra fe y confianza en si mismo, en los demás y sobre todo en Dios.
- Seguir intentando con nuevas estrategias para abrir las puertas cerradas.
- Poner los pies sobre la tierra.
- Prepararnos con cursos, talleres y estudios especializados en el área que queremos desarrollarnos.
- Elaborar un plan de ahorro y de equilibrio en el consumo.
- Hacernos un chequeo y revisión médica.
- Acercarnos más al grupo de mi comunidad que se reúnen para reflexionar sobre Dios.
- Hacer ejercicios físicos, intelectuales y espirituales con mayor frecuencia.
- Concentrar la fuerza y la pasión en los objetivos que son el centro de tus aspiraciones y profundizar en ellos.
- Leer un buen libro que me lleve a reflexionar sobre la vida y mi grandeza espiritual.

Si partimos del hecho de que los sueños son una visión creadora de la realidad, para lograr esa realidad hay que tener en cuenta lo siguiente:

"El sueño conduce a la visión,
la visión conduce a la acción,
la acción conduce a los resultados"

Para el logro de los sueños hay que llevar a cabo una construcción progresiva de lo que quiere:

•Romper con cadenas y ataduras que nos cohíben.

•Hacer una profilaxis que ayude a limpiar el camino.

•Concentrarse en un solo sueño para evitar dispersión.

•Visualizar lo que se quiere.

•Tomar acción.

•Agradecer, reconocer y bendecir a aquellos que han influido en que se haya logrado lo que se quiere.

•Activar la creatividad en las maneras de cómo lograr los sueños.

•Sentir que tienes el poder para lograrlo.

•No ir más allá de lo que es posible.

•Poner la mente positiva y en actitud de afirmación.

Los sueños son los deseos que se manifiestan de manera consciente e inconsciente constituyéndose en ejes transversales de nuestras vidas por aquello de que, *"el inconsciente es el ejecutivo de la personalidad"*. El dicho popular que ha eternizado al gran literato español Calderón de la Barca, en sentido de que *"los sueños, sueños son"*, es el argumento al que recurrimos cuando al dormir tenemos una pesadilla o cuando recreamos aquellos aspectos de nuestra vida que no queremos enfrentar. Los sueños y nuestra realidad van íntimamente entrelazados, pues muchas de las cosas que soñamos son vínculos que no hemos roto, ataduras con el espacio, con el tiempo y con las personas con las que soñamos. Sin embargo, hay otros sueños de los que no podemos prescindir, son aquellos que se hacen despiertos y que tienen que ver con anhelos, deseos y aspiraciones que tenemos y que convertidos en metas se hacen parte de nuestra realidad presente, con proyección de futuro.

Lo último que el ser humano puede perder es su capacidad de soñar porque, *"cuando perdemos la capacidad de soñar perdemos la capacidad de cambiar"*; *"Se puede vivir de realidades o de sueños, pero a veces la realidad es tan dura que quisiéramos que fueran aunque sea pesadillas".*

Al soñar vamos exponiendo nuestra realidad, nuestras inquietudes y deseos que trato de plasmar en estos versos:

Los sueños y el poder del amor
(fragmento)

He soñado con muchas cosas,
he esperado por tantas otras,
alcanzando a veces algunos triunfos
y otros como nieve se derriten gota a gota.

Y estoy despierta y sueño con la gloria
y estoy de pies y no perezco
y lucho y no sucumbo
y mis sueños se coronan con la victoria
porque me sostiene el poder del amor.
NB-1989

Sueños divinos
(fragmento)

Cada uno de estos sueños
encierran un mensaje,
compendio de sabiduría
que ilumina el camino
y nos hace ver
Que no es vida si te faltas tú,
si te falta el amigo,
si te falta el hermano,
pero aún es más triste
si te falta lo divino.
NB-2009

Los sueños que han de cambiar mi vida lo logro cuando aprendemos a:

- Negociar en los diferentes niveles de relaciones.
- Sacudirnos de todo aquello que no nos permite lograr lo que nos proponemos.
- Aprender a respetar y a escuchar a los otros.
- Estar alertas y como antena satelital recoger las informaciones que nos ayudaran a lograr los sueños.
- Hacer conciencia de nuestra realidad, primero en la mente y luego en el corazón.
- Estar atentos para poder salvar los detalles.
- Cultivar la ética, la moral, la confianza y la fe en el diseño de nuestra vida.
- Tomar control y responsabilidad de las cosas que hay que hacer.
- Definir claramente las metas.
- Visualizar la realidad creando una imagen clara con objetivos precisos.
- Conectarse con el corazón para proyectar lo que nos hemos propuesto.

Con los sueños atraemos a nosotros lo que deseamos, es por ello que tenemos que hacer lo que tenemos que hacer y ponerle fe. Al confiar logramos aquello que esperamos, agradeciendo y bendiciendo la posesión de ese bien. Los sueños son el reflejo de las emociones, en ellos se hace presente el inconciente y se manifiestan anhelos, aspiraciones y deseos.

Para que los sueños se vuelvan realidad siempre hay que ir más allá, *"soñar con lo ideal para lograr lo posible"*; y en lo que se refiere a las personas y la búsqueda de la felicidad, en lo relativo a las relaciones, es bueno recordar que *"la felicidad no está donde uno duerma sino con quien uno sueñe"*.

11. EL COJÍN DE LOS VERSOS

*"La vida esta llena de tesoros y mayor es la riqueza si
la aprovechamos de la mano de Dios".*
NB

Hay un cojín que ha servido de base y fundamento a mi vida que lo he ido construyendo con las diferentes experiencias del transcurrir del tiempo, que está hecho de versos y de poesías, reflujo claro de mis sentimientos y emociones y a las cuales acudo para la reflexión acerca de: la fe y el amor; la soledad y el vacío, la crisis y el fraude, la vida y la justicia, el llanto y los motivos.

El cojín de la fe me lleva a:

*"Enterrar mi desconfianza,
hacer con mi hermano una alianza, a
sellar con mi fe, un contrato de amor y esperanza".*

El cojín del amor me ayuda a:
"Ver color en las veredas desiertas

Y en la desnudez de estas veredas sin gentes
ver la naturaleza, sentir su elocuencia
y con ella señor tu presencia".

El cojín de la soledad; me lleva a reflexionar entorno a:

"Eres mi escape de hipócritas y cobardes
eres espacio, eres tiempo
eres estado, eres momento
eres la oportunidad
de poder expresar mis sentimientos".

El cojín hecho de vacíos me lleva a una reflexión que me salva y me redime:

"Buscando un sentido
revuelvo mi alma
y escucho una voz
que apenas se asoma,
diciéndome, espera, no corras
no escondas las manos
que Dios ha hecho todo
de modo que el hombre
dentro de la nada
pueda sentirse pleno".

El cojín que nos inspira el fraude que a veces suele ser la vida, que suele ser la gente. A partir de este cojín nos apoyamos para que la vida resulte más llevadera y más compartida, haciéndonos menos daño. Nos inspira a decir:

"Que pena me da la humanidad
y con ella mi propia condición de humana
que pena me dan los hambrientos de humildad
y con ellos mi propia hambre.
que pena me dan

*los que ponen sus esperanzas
en cosas materiales,
acumulando riquezas en la juventud,
desdeñando así los reales valores,
que harán que vivamos,
los últimos años llenos de virtud".*

El cojín hecho sobre la base de cómo enfrentar las penurias de la crisis, me sostiene y no deja que me derrumbe:

*"Hoy quiero olvidar que estoy a oscura
que el agua que es la fuente de la vida se escasea
trascender la realidad que me rodea
y poseer la luz de las ideas.*

*Olvidar que falta el pan
aquí en mi mesa,
olvidar que falta el pan
en la conciencia,
sin relegar por ello su búsqueda afanosa".*

El cojín de vida hecho a fuerza de vivir y que se deja expresar a través de estos versos:
*"Vivo porque puedo expresar con mis versos
el modo y razón de mi vida
porque puedo exclamar sin cadenas
el encuentro de confusas pasiones
donde a veces agonizo
y de pronto descubro que aun vivo".*

El cojín hecho con justicia, con la justicia divina, con esa que de manera inexorable nos alcanza a todos, aún queramos ignorarla:

"Cierro mi puño con fuerza
como queriendo atrapar
algo impreciso
pero al blandir el aire
me doy cuenta
¡que difícil es atrapar
con las manos tu justicia!.
Esa justicia Señor
que el hombre menosprecia
y que solo da valor a
a sus ganancias
es la justicia que ordena y reglamenta
son las señales Señor
de tu existencia.

El cojín hecho de llanto refresca y sana el alma preparándola para la alegría:

"Lloré y en este llanto
se fue derramando toda la agonía
que anida con sabor amargo
toda el alma mía.
El llanto es el brote divino
que surge en cascada del centro del pecho
para refrescar con suave afluencia
el cuerpo y el alma
ahogando en sus aguas dolor y tristezas".

El cojín hecho de motivos nos ayuda a vivir la vida en forma positiva:

"Motívame y hallaremos la llaves
que abrirán las puertas
que permitirá la entrada
a lugares deseados

y esas puertas cerradas
ya no serán de mis sueños la clave.

Cada uno de los cojines que hemos construido durante nuestras vidas será la clave de lo que nos tocará vivir. Los cojines antes descritos como el cojín de la fe, del amor, de la justicia divina y el vivir, son fuentes de esperanza; asumidos como principios te guiarán y ayudaran a vivir mejor, a tener y aprovechar las oportunidades que te da la vida. El cojín de la soledad, del vacío, de la caridad, del fraude, de la crisis y del llanto son el punto de partida para el cambio, para las nuevas oportunidades, para luchar por el progreso, para buscar soluciones, para superar los desafíos y para lidiar con los conflictos. *"La vida esta llena de tesoros y mayor es la riqueza si la aprovechamos de la mano de Dios".* NB

"Dios lo transforma todo en bien", es el título de un artículo de Mary L.K. publicado en "La palabra diaria" en enero de 1983. En el desarrollo del texto encontramos esta afirmación: *"El poder de Dios es infinito y está trabajando ahora en tus asuntos personales. La paz y la fortaleza de Dios están donde estés. En cada momento del día o de la noche".* Esta afirmación se convierte en una de las más poderosas armas para luchar, confiar y sentirse esperanzados.

Ese infinito poder, ese infinito amor, esa infinita paciencia, esa infinita misericordia que es Dios, contrasta con mi infinita pequeñez, mis miserias y debilidades, mi impaciencia y desamor.

12. EL COJÍN DE LOS RE-MIENDOS

"Las más perdurables obras de la naturaleza se han hecho con unión de espacio y tiempo: el árbol del bambú, el hombre sabio, la madera preciosa...".
NB

L a flor que nace de entre las rocas y que va aprovechando cada poquito de suelo entre peñascos hasta salir airosa a alimentarse de la luz solar, el aire y el agua que generosa le prodiga la madre naturaleza, formando entre muchas, una alfombra que cubre el suelo, embelleciendo el paisaje y convirtiéndolo en un lugar placentero, que representa el valor. Se compara con un remiendo que poco a poco va conformando esa almohada, esa alfombra, ese vestido que cubre el cuerpo y que acomoda nuestro descanso y desplazamiento.

El cojín de los remiendos parece estar hecho de ingredientes que no sirven: retazos, recortes, pedazos, partes y piezas, que se van uniendo en forma sabia, valerosa, y constante hasta formar parte del cojín donde toman cuerpo y vida, y se convierten en ese sostén que no te deja caer y que te mantiene en pies para seguir luchando por la vida. Los ingredientes del cojín de los remiendos son:

Ingredientes materiales:	Ingredientes espirituales: ¿para qué sirven?:
Retazos	Para unir
Telas viejas	Para reconstruir
Cuero de animales	Para curtir
Hierba seca	Para Componer
Charamicos	Para Remodelar
Paja	Para Remendar
Semillas secas	Para Renovar
Caparazón de animales	Para Corregir
Cáscaras de frutos secos	Para Reciclar
Latas Viejas	Para Reestructurar
Cartones	Para Redistribuir
Trozos de madera	Para revalorar
Barro	Para reinventar
Piezas	Para armar

¿Cómo construyo el cojín de los remiendos? Lo construyo con un chip que permita unir las partes de ilusiones rotas y de sueños truncados; emprendiendo la búsqueda de nuevas acciones; despertando de sueños imposibles e ir tras la búsqueda de nuevos sueños; reconstruyendo esperanzas frustradas, componiendo relaciones fragmentadas; renovando energías dormidas; corrigiendo errores; reflexionando en torno a los valores éticos y sobre todo teniendo paciencia, arma de los sabios que esperan el tiempo y dan tiempo al tiempo de Dios que es perfecto, administrándolo de modo que asegure la trascendencia. Las más perdurables obras de la naturaleza se han hecho con el tiempo: el árbol del bambú, el hombre sabio, la madera preciosa, el carbón y el diamante, el oro líquido, los diversos minerales, un buen libro, la unión matrimonial, una buena amistad, los amores verdaderos, los hijos.

Si aprendemos a unir los pedazos a construir y reconstruir nuestro cojín para vivir sobre la base de remendar, reciclar, revalorar, reconstruir y redistribuir la fuerza, la seguridad, la entereza, tendremos la afirmación y la liberación de nuestro ser, lo que nos dará poder para tener control de nuestras vivencias, de la visión hacia donde dirigirnos así como de la toma de decisiones para hacer aquello que resulte provechoso para la vida.

Si partimos de que cada momento es nuevo, el cojín hecho con el reciclaje y revaloración de nuestros errores, nos ayudará a resurgir con nuevos bríos y actitud renovada para seguir. Remendamos aquello que se rompió o que fracasó haciendo buena y válida la frase de Henry Ford: *"El fracaso es una gran oportunidad para empezar otra vez más inteligentemente"*. Recojamos los pedazos y armemos de nuevo nuestra vida.

13. EL COJÍN DE LOS TATUAJES

*"Convirtamos los tatuajes en cojines que actúen como
escudos protectores que nos cubren el cuerpo
y el alma del peor enemigo de los seres
humanos, los temores".*
NB

La vida te va marcando el cuerpo, pero también te va marcando el alma, te va produciendo un dolor, una angustia, unos miedos que describo en los siguientes versos:

*"Llanto contenido
desesperanza que corre cual vena rota,
por la piel y por los sentidos,
dejando profundas grietas,
surcos labrados en la piel
que son del discurrir de la existencia huellas
que se agrandan en el alma como fallas
atrincherando los esfuerzos por seguir,
surcos abiertos, a fuerza de vivir".*
NB 1989

Un tatuaje es una marca casi indeleble pues no se borra tan fácil como se hace. Sin embargo, estos tatuajes que se van produciendo en el constante discurrir de nuestras vidas son testigos a veces, silentes, de los momomentos que hemos vivido, difíciles de obviar y tenemos que vivir con ellos. Probablemente tus tatuajes son el fruto de lo que has vivido, de los golpes que te has dado en las esquinas de la vida, son marcas profundas que se van gravando en tu alma, el "no puedo", que te hacen sentir en cautiverio, hundido en la posibilidad de la fatiga, de las tinieblas, del olvido y la tristeza. Empero, cuando llenamos nuestro cojín con tristeza lo estamos llenando con insatisfacciones, con sentido de derrota, con nostalgia, con preocupación, con incertidumbre, con desilusión, con añoranzas, con una sensación de pérdida que debilita nuestras fuerzas y nos hace sentir:

- Víctima antes que victorioso
- Esclavo antes que liberado
- Lastimado antes que curado
- Vencido antes que vencedor
- Hundido antes que elevado
- Olvidado antes que recordado
- Perdido antes que encontrado
- Deprimido antes que reconfortado
- Arrodillado antes que erguido
- Humillado antes que redimido
- Triste antes que gozoso
- Fracasado antes que exitoso
- Hambriento antes que satisfecho
- Débil antes que fuerte
- Avergonzado antes que exaltado
- Inseguro antes que confiado

La tristeza fruto de esas marcas que te va produciendo la vida te consume, te hace sentir en agonía, desconsolado, deprimido y toda esta frustración produce un llanto que se escapa por los ojos como un grito silente desde lo más profundo del alma, drenando las heridas que nos corroen y no permiten que nos reencontremos con nuestro destino. Revertamos los tatuajes convirtiéndolos en cojines que actúen como escudos protectores que nos cubren el cuerpo y el alma del peor enemigo de los seres humanos, los temores; convirtámonos en murallas que atrincheran nuestras fuerzas, potencialidades y talentos dejándolos salir para el bien de nuestro cuerpo y nuestra alma. Hagamos de nuestros tatuajes punto de partida de la nueva forma de vivir que emprenderemos.

14. EL COJÍN DE LA PALABRA

*"Hay palabras que son bálsamo para el alma y
que fortalecen el espíritu".*
NB

La vida es un lienzo en blanco donde vamos escribiendo cada día nuestra historia personal, cuya herramienta principal la constituyen las palabras que decimos, las que nos dicen, las que escribimos, las que callamos, las que añoramos, las que respondemos, las que desdeñamos, y las que ignoramos. Hay palabras que dan vida, hay otras que matan. Hay palabras que construyen, hay otras que destruyen. Hay palabras que sanan, hay otras que contaminan. Hay palabras que alivian, hay otras que empeoran.Hay palabras que alientan y otras que desalientan. Hay palabras que son bálsamo para el alma y que fortalecen el espíritu, hay palabras que salvan, hay palabras que redimen y aquellas que si se hace un buen uso de ellas se convierten en un don que hace del parlante, un mágico, un adivino, alguien que convence y vence, que tiene el *"Don de la palabra"* y que tiene *"alma de vencedor"*.

El cojín de la palabra lo he construido con palabras de Amor: te amo, te quiero, me ama, nos amamos. Palabras de bendiciones: bendición, bendito seas, bendícenos, bendecimos.
Palabras para dar gracias: te agradezco, te doy gracias, gracias.
Palabras para pedir perdón y desagraviar: excúsame, lo siento, perdón, perdóname.

Las palabras son las herramientas que usamos para edificar la comunicación. Las palabras pueden hacer brotar la grandeza que todos tenemos dentro, hacer que un derrotado pueda volver a triunfar, hacer que un manojo de hojas tengan vida, hacer que el poeta construya un árbol sin saber quien descansará a su sombra y que los recuerdos hablados se conviertan en el mayor tesoro de vida. Con las palabras decimos adiós a las penas, tristezas, malos entendidos y humillaciones y con ellas también damos la bienvenida a todo mensaje positivo que se estructura con ellas. Las palabras tienen un uso común, pero el uso y abuso de ellas nos pueden hacer tropezar; hacer realidad aquel proverbio chino que dice: *"es peor el tropezón de la lengua que el tropezón de los pies"*. Sin embargo, las palabras de amor ensanchan nuestros horizontes y nos hacen perdurables en el tiempo. Usar las palabras en forma positiva nos da poder, que es esa capacidad de pensar, decir y actuar en forma coherente e integrada, para adquirir esa fuerza vital que nos lleva a tomar decisiones sabias para guiar nuestras vidas. Utiliza las palabras para construir relaciones positivas, hablando siempre con la verdad pues según el dicho popular *"la mentira como el cojo no llega lejos"*, *"más rápido cae un hablador que un cojo"*, *"Para hablar mentiras y comer pescado hay que tener cuidado"*.

El decir y las palabras:

• Si dice palabras positivas tu eres un ser humano positivo, porque *"de la abundancia del corazón habla la boca"*.

• Si afirmas con frecuencia, con palabras, tu bien ,te irás bien, porque *"lo que decretas hoy será lo que sucederá mañana"*.

• Si oras con palabras de bendición a los otros tu serás bendecido, porque *"lo que les deseamos a otros se nos devuelve como bumerán y multiplicado"*.

• Si tus respuestas son comprensivas ganas, pues *"construye una confianza real en la relación"*.

• Si las discusiones se tornan en agravio y en ofensas para usted, callemos; ya que *"a palabras necias oídos sordos"*.

• Si hablas di sólo lo necesario e importante, en razón de que muchas veces hablamos de más, pues *"el que dice lo que quiere oye lo que no quiere"*.

• Si aconsejamos a alguien tratemos de hacerlo sobre los ejemplos que hemos dado con nuestro hacer, porque *"antes de decir a otros lo que deben hacer, debemos hacerlo nosotros mismos"*.

• Si compartimos las palabras, que constituyen el mayor bien que tenemos, hace realidad el dicho de que ellas son *"mitad de quien las pronuncia y mitad de quien las escucha"*(-Montaigne).

• Si queremos enviar un mensaje usamos las palabras, las cuales tienen tanta fuerza que por sí sola, ellas son el mensaje; está el caso de la Biblia, cuya recomendación tiene poder transformador para todos los que creemos que ella contiene la voz de Dios, también conocida como *"La Palabra de Dios"*.

• Si ordenamos las palabras, que es la fuente de nuestra mayor riqueza, pueden ser *"tan serias como una formula secreta, tan alegres como la risa y tan bellas como un poema"*.

• Si usamos las palabras es bueno tener en cuenta que *"si esta bien hablar o callar, está todavía mejor saber lo que se dice"*;

o aún mejor *"el que dice todo lo que piensa, piensa poco lo que dice".*

• El dicho popular que propaga que *"las palabras se las lleva el viento"* se hace añico cuando analizamos los planteamientos anteriores, pues ellos tienen poder y hacen del hablar o el callar un bálsamo para el alma, el cuerpo y el espíritu. El ser humano piensa, siente y fructifica en las palabras que encadenadas producen las ideas. *"Las palabras son mágicas, contienen todos los secretos, pues con ellas podemos hablar con Dios".*

15. EL COJÍN DE LOS ÉXITOS

"Para lograr el éxito no hay recetas ni dosificación
exacta, pues varía en función de lo grande
que sean tus metas".
NB

El camino del éxito no siempre es fácil andarlo, hay que conectarse con los sueños, con aquello que te gusta y que quisiera ser, con aquello que te apasiona y que despierta en ti grandes emociones. Para lograr el éxito no hay recetas ni dosificación exacta, pues varía en función de lo grande que sean tus metas; ya lo dice el dicho *"Metas grandes demandan sacrificios grandes"*, reclaman dedicación en tiempo y grados de esfuerzo, según lo que uno quiere. De ahí que podemos afirmar que los caminos del éxito son muy diversos y matizados. Si para lograr el éxito partimos de la Omnipotencia de Dios y de que Dios está en los detalles, es lógico entonces que tenemos que poner atención y cuidado en los detalles. Para seguir la conquista del éxito existe otro gran secreto y ese gran secreto eres tú, que al pensar y actuar en pos de metas claras y bien definidas las logras. Sin ánimo de querer dar una fórmula es bueno recordar los siguientes aspectos a considerar para lograr el éxito:

- Plantearse y poner su atención en metas claras.
- Quitar la atención de las cosas negativas y pesimistas.
- Dejar de lado las excusas, el luego y el ahorita.
- Enfocarse en lo que se quiere.
- Dar cada paso con atención.
- Actuar cuidando los detalles.
- Quitar la atención de las cosas que distraen.
- Ser verdaderamente auténtico.
- Reconocer que siempre hay algo por encima de ti.
- Ver oportunidad donde otros ven fracasos.
- Indagar nuevas opciones y verlas como oportunidades.

La vida está llena de retos que debemos enfrentar cada día. Si queremos enfrentarlos y salir exitosos de ellos tenemos que encararlos con valentía, echando manos a nuestros más arraigados valores a fin de llegar a ser personas sanas de mente, cuerpo y espíritu; escudriñar bien en nuestro interior lo que queremos, asumir acciones acorde con los principios que nos hemos fijado para el éxito y sobre todo actuar valerosamente, ya que *"el grado más alto de valor, el que muy pocos tienen, es el de cambiar las cosas cuando todo va bien".* Ir o no ir, decía Paco Muro.

Muchas personas que tratan de alcanzar el éxito se consideran positivas y optimistas y asumen un modelo de éxito para aplicarlo en sus vidas. Sin embargo, olvidan algunos principios sin los cuales el tan ansiado éxito puede que no llegue, pues olvidan:

1) **la persistencia**, saben como hacerlo pero lo dejan para luego;

2) **la coherencia**, tienen siempre una excusa que no es coherente con las ansias de lograrlo;

3) **la constancia**, las excusa se constituyen en un freno

que no les permite avanzar y mucho menos insistir en obtenerlo;

4) **el entusiasmo**, llama que una vez prendida no debemos dejar que se apague.

Para obtener el éxito tenemos que hacer de cada día una ocasión especial, colocarlo en los planes y programas de las cosas por hacer, de modo que sea parte de tu vida. Ya lo dijo el gran Winston Churchill *"para lograr el éxito hay que ir de fracaso en fracaso sin perder el entusiasmo"*.

Otro camino para lograr el éxito podría ser:

• Diseñar lo que quiere partiendo de cero.

• Elaborar la **misión**: razón de ser de la vida o de lo que queremos, el objeto de transformación, propósito fundamental, norte y eje que orienta el accionar de nuestra vida.

• Elaborar la **visión**: propósito ideal que tiene como punto de partida:

a) ¿Qué quiero?- aspiraciones y deseos, propósitos, objetivos y metas, canalizar las fuerzas de nuestro interior, transformar nuestras circunstancias.

b) ¿Con qué cuento?- con mis talentos y pasión, con el querer lograrlo, con las fortalezas y debilidades, con la definición de mis recursos, con buenos socios.

c) ¿Cómo lograrlo?- poco a poco, sin desanimarnos, sin dejarnos acallar por los ruidos, prestando atención a nuestra voz interior, creyendo en nosotros mismos, dejándonos guiar por maestros que nos va colocando la vida, agradeciendo a nuestros socios su soporte y aportes; no sentirnos pioneros y reconocer a los que nos preceden.

d) ¿Cuáles son mis oportunidades?-momentos del contexto, creer en uno mismo, condiciones favorables, compartir el éxito con otros, experimentar éxito por lo que haces, proveer respuestas y soluciones, competir con uno mismo para dar algo nuevo, aprender a conocer nuevos caminos.

"En la vida no todo es fácil, hay que probar la hiel para poder saborear la miel que nos da el éxito" NB. Pero como bien señala Raoul Follereau: *"anímate amigo, la lucha no es demasiado fuerte. El sueño no es nunca demasiado grande".*

Para alcanzar el éxito, muchas veces tenemos que confrontar nuestros conflictos y situaciones críticas con esa capacidad que poseemos de transformarnos, de liberarnos, de regenerarnos, de resetearnos y generar cambios desde una actitud positiva. Para ser exitosos tenemos que hacernos una profilaxis del cuerpo, la mente y el alma, de modo que podamos crecer, enriquecernos y renovarnos creando situaciones y hechos positivos que serán valorados y admirados por los demás como algo útil, bueno y digno de emular.

Exitoso no es alguien que no le pasa nada, exitoso es el que reacciona ante las cosas que le pasan. El éxito es de aquel que espera vencer antes que ser vencido; es de aquel que cree que la suerte existe pero que hay que esforzarse para lograrla; es la forma en que hemos hecho el cierre con aquellas cosas que vamos logrando para abordar cosas nuevas.

Somos exitosos cuando reducimos a su mínima expresión nuestros déficit y carencias; cuando vemos la vida a partir del adagio que dice *"el aire de una puerta que se cierra, abre la otra".* Ortega y Gasset hizo famosa la frase *"el hombre y su circunstancia"* y por mucho tiempo hemos estado apegados a esta circunstancia. No obstante, si nos hacemos eco de Napoleón Bonaparte cuando dijo *"yo hago las circunstancias",* denotamos que hay una responsabilidad en cada uno de nosotros para hacer de la vida esa oportunidad de crecer y de triunfar. En momentos de profunda crisis para sobreponernos a ella con éxito es indispensable asumir una actitud de querer vencer la crisis, actitud que se logra a partir de:

• No hacer caso de críticas negativas.
• Convertir las malas noticias en oportunidades.
• Vivir peleando el día a día con una actitud positiva.
• Valorar las cosas pequeñas y los detalles.
• Armarse de paciencia, humildad y tolerancia frente a los que nos rodean.
• No perder la pasión para seguir evolucionando.
• Buscar siempre el logro de las metas.
• *"Empezar por hacer lo necesario, luego lo imposible y terminar haciendo lo posible".*

El éxito muchas veces nos genera falsos amigos que mientras dura están, pero que al perderlo se van. En el XI Congreso Académico Empresarial de la Escuela de Mercadeo de la Universidad Católica Santo Domingo -UCSD- "Estrategias y Planes de Negocios para Empresas de Éxito", dedicada al prestigioso empresario de origen español, Don José Luís Corripio, el triunfante hombre de negocios señaló al respecto de sus éxitos, de los cuales me hice eco, que lo ha logrado gracias a:

• Unidad familiar.
• Continuidad de propósitos.
• Entusiasmo por el trabajo.
• Constancia, permanencia y perseverancia.
• Protección de la divina providencia.
• Capitalización a través de la reinversión de los beneficios.
• Pobreza artificial inducida.

- No ser siempre el primero en todo.
- Presentimiento (inteligencia oculta).
- Cumplimiento y respeto de los principios sociales y familiares.
- Pasar la prueba de fuego de poder explicar lo que se hace.
- Equilibrio, (ni demasiado optimismo, ni demasiado pesimismo y/o negativismo).
- Ocuparse del negocio día a día para evitar quiebra.
- Enfrentar los problemas con soluciones simples, entendibles y fáciles.

¡Eso es éxito!

16. EL COJÍN DE LA CONFIANZA

"La confianza es una fuerza impulsora del progreso del bien colectivo, de las relaciones armoniosas, que nadie ve pero que todos sienten y que se convierte en la mejor aliada de la unión".
NB

C uando sientas que todo lo que está a tu alrededor pierde significado, carece de interés, de motivación y entusiasmo es necesario recurrir al cojín de la confianza: de la confianza en sí mismo, que nos lleva a no sucumbir, a seguir erguido ante los desafíos que nos presenta la vida, que nos permite levantarnos cada vez que hemos caído; la confianza que a través de las afirmaciones positivas nos conecta con el universo; la confianza que está *"en la raíz del éxito o del fracaso, en las relaciones y en los resultados…"* S.R. Corvy. La confianza nos ayuda a enfrentar los miedos, las frustraciones y los fracasos, tanto de nuestro Yo interior como los que acumulamos en nuestra relación con los demás. La confianza lo cambia todo, es la clave del éxito, determina nuestro carácter, ayuda al desarrollo de nuestras competencias y capacidades, las que si se ponen a funcionar en forma integrada y bien intencionada generan en nosotros confiabilidad y credibilidad;

los demás confían y creen en nosotros lo que a su vez se traduce en una buena relación e interacción con ellos.

La confianza es una fuerza impulsora del progreso del bien colectivo, de las relaciones armoniosas, que nadie ve pero que todos sienten y que se convierte en la mejor aliada de la unión, del liderazgo y de la vida en comunidad. Si miramos a nuestro alrededor nos damos cuenta que la mayor causa de separación, desunión, ruptura y/o destrucción de los contratos es por la falta de confianza, la que cuando se pierde rompe los lazos y los vínculos que unen a los seres humanos.

¿A qué nos ayuda la confianza?:

- La confianza se hace presente cuando nos acogemos tal y como Dios nos creó; cuando acogemos a los demás como nuestros hermanos, y cuando acogemos a Dios como nuestro salvador y guía.
- La confianza se hace presente cuando confiamos en nosotros, en los otros y en la trascendencia.
- La confianza se hace presente cuando nos permitimos amarnos, amar al semejante pero sobre todas las cosas amar a Dios; porque, *"quien ama confía"*.
- La confianza se hace presente cuando confiamos en nuestras competencias y potencialidades, cuando confiamos en los talentos de los demás y cuando confiamos indefectiblemente en Dios.
- La confianza se hace presente cuando confiamos en los dones y la gracia que hemos recibido de Dios y cuyas posibilidades está en las maneras como enfrentamos las pruebas.
- La confianza es necesaria para los tiempos de espera, pues como reza el dicho popular *"la espera desespera"* y la confianza marca la diferencia entre la espera confiada, que nos mantiene alerta, y la espera desconfiada que

hace que estemos desprevenidos.

• La confianza nos ayuda a reprogramar nuestra mente visualizando la prosperidad y a proyectarnos en bonanza, en paz y en armonía.

• La confianza nos lleva a creer que siempre hay una nueva oportunidad para mí, que siempre hay otra alternativa y que siempre hay otras opciones.

• La confianza nos lleva a ser *"constantes en nuestra conducta"*, la que nos da esa fortaleza que guía y sostiene nuestras acciones.

• La confianza nos hace estar receptivo a la conexión y reencuentro con Dios, esperando recibir por su misericordia la abundancia y la prosperidad que merecemos.

• La confianza nos hace romper barreras, superar metas, abrir puertas y hacer de la vida una vida de superar retos.

Uno de estos días compartí una experiencia extraordinaria al entrar a la iglesia de la Universidad donde imparto docencia. Allí estaban reunidos frente al sagrario, la señora que limpia el templo junto a un grupo de empleados del servicio de limpieza de la Universidad, leían la Lectura del día y reflexionaban en forma sabia y sincera sobre ella. Entré, me uní al grupo y compartí con ellos las sabias afirmaciones que algunos hacían *"confiemos en Dios que el no nos abandonará", "si nos mantenemos confiados en el Señor él resolverá nuestros problemas", "confiemos que él nos escuchará y no nos asombremos porque Él es grande y poderoso"*. Después de terminar la reflexión rezamos un Padre Nuestro, un Avemaría y nos dimos el abrazo de la paz; cuando señalé la buena coincidencia de estar allí la señora que lideraba el grupo señaló ¡Diosidencia profesora, Diosidencia! queriendo señalar que Dios quiso que estuviese en aquel lugar. Ustedes no saben cómo me contente para mis adentros, pues precisamente tengo sobre el tapete en la reflexión para estos apuntes el tema de la confianza. Pero más aun, mi alegría tenia que ver con el descubrir, en razón de que aquella gente que realiza un trabajo tan forzado vive alegre y confiada porque saben que cuentan con Dios. Esa certeza con que esperamos que Dios nos resuelva los problemas procede de la confianza que tenemos en Él y algo más hermoso todavía es el hecho de que Dios es tema de nuestra conversación y de nuestros planes y proyectos pues *"la confianza como el arte no proviene de tener todas las respuestas, sino de estar abiertos a todas las preguntas"*. Eari Gary.

Para reafirmar nuestra confianza en Dios, en el libro de Proverbios cap.16-20 encontramos esta frase extraordinaria: *"el que confía en Jehová es bienaventurado"*. Al estar confiados en Dios adquirimos la certeza de que Dios provee y nos guía hacia el mayor bienestar y a tomar las más acertadas decisiones en los diferentes momentos de la vida. La confianza en sí mismo es un rasgo de la personalidad que nos lleva a actuar sin temores, a enfrentar retos y a vencer obstáculos, pero nos volvemos invencibles cuando ese rasgo de la personalidad se fortalece con la fe en Dios. La fuerza que constituyen la confianza y la fe nos ayuda a vencer los Goliat que la vida nos pone de frente y nos ayuda como a Abraham a subir la montaña y a sacrificar nuestro mayor tesoro, a bajar de allí lleno de confianza, de fe y de amor, de ese amor que sólo saben dar y recibir los que confían en Dios. El apóstol Santiago en el cap.1-16 nos hace un llamado a confiar en Dios pidiendo a Él aquello que necesitamos. *"Pidan con fe, sin vacilar, pues el hombre que vacila se parece a las olas del mar que se levantan y agitan según el viento"*. En otra versión bíblica nos habla de la duda y de ir de un lado a otro oscilando sin seguridad.

La prueba de nuestra fe es la confianza, la mejor aliada de la fe, la que no nos deja dudar, la que nos mantiene firmes, la que hace que podamos soportar las pruebas por difícil que estas sean, la que nos da la certeza de que por sombría que sea una situación llegará la luz a iluminarlo todo. Para ilustrar la confianza me parece oportuno reflexionar en torno a este fragmento de los versos del poema Sombras, de la gran poetisa dominicana, Salomé Ureña:

"Despertad a la fe y a la confianza,
y tras la noche de dolor, sombría,
cantar la luz y saludar el día"

La confianza se inspira en la experiencia de acogernos al entorno, se cimenta en los distintos modos de relación. La confianza hace que veamos el bien supremo de Dios en todo lo que hacemos, oímos o vemos. Cuando hay confianza basta con visualizar el amor, la abundancia de todo bien, el orden divino que Dios ha puesto en todas las cosas y todo aquello que visualizo lo hago realidad y todo esto es posible porque tengo confianza en Dios.

17. EL COJÍN DE LA FAMILIA

*"Cuando el mundo te falla nos queda el más
genuino de los refugios, la familia".*
NB

La familia es el sostén de nuestra estabilidad afectiva, ética y emocional. Por tanto, lo que pasa en la familia se proyecta en forma indefectible en los demás aspectos de la vida personal. Cuando mudamos la dinámica de la familia a la vida laboral redunda en nuestro éxito o fracaso; las precariedades en nuestra vida familiar se traducen a todas las actividades de la vida en general. La familia, según S. S. Benedicto XVI, *"Constituye uno de los tesoros más importante de los pueblos...Ella ha sido y es escuela de la fe, palestra de valores humanos y cívicos, hogar en que la vida humana nace y se acoge generosa y responsablemente".* Cuando el mundo te falla nos queda el más genuino de los refugios, la familia.

La familia es un lazo que une a seres humanos por nacimiento, por cercanía, por comunión, por identidad, por adopción, por amistad e inclusión y por el parentesco sagrado que nos une con Dios. El modelo de familia para los cristianos es la Sagrada Familia: San José, padre amoroso que protegió y condujo en forma exitosa a su familia en las diversas dificultades por la que pasaron. La virtud máxima de esta familia estuvo en el reconocimiento del rol de cada miembro, José padre y esposo reconoció a la virgen María como su legítima esposa y a Jesús como su hijo amado. Jesús reconoció a José como su padre y a María como su Madre, haciendo de esta una relación de reconocimiento mutuo.

Para lograr conformar una familia sana, juega un papel preponderante la relación de pareja que se convierte en el soporte en que se fundamenta la familia. Para que la familia funcione adecuadamente debe tener:

Afinidad, de modo que se sienta cómoda e inspirada al lado de esa persona;

Comunicación, en forma respetuosa, diciendo siempre la verdad y siendo honestos con nosotros mismos y con la pareja;

Identidad, que se basa en los acuerdos en común, propósitos y gustos;

Comprensión, punto medio o de encuentro que equilibra la relación.

En la relación de cada uno de los miembros de la familia se establecen unos vínculos que hay que mantener sanos.

El cojín hecho con ingredientes que contribuyen a mantener sana la familia es un antídoto a la agresión, cuya manifestación en las relaciones de los miembros de la familia, que en sus maneras de quererse, muchas veces establecen vínculos de dependencia que dañan la relación. La agresión lesiona y socava la autoridad de cada uno de los miembros, rompiendo los lazos que los unen y creando caos, desconfianza, crisis y produciendo heridas que frenan el florecimiento y transformación de cada uno de los miembros de la familia.

Para que una familia se mantenga sana hay que tener en cuenta que:
- La agresión con intención lesiona y daña la relación.
- La peor agresión es la omisión.
- Reconocer en la relación la buena acción.
- Controlar las emociones, para no dejarte controlar por ellas.
- Actuar con intenciones buenas, para lograr familias sanas.
- Prestar la debida atención para mejorar la relación.
- Hacer del conflicto una oportunidad de vivir en comunidad.
- Cambiar nuestra actitud cuando ella lesiona las posibilidades de alguno de los miembros de la familia.
- Evitar la radicalización de las ideas para así mejorar las lesiones en la relación.
- Corregir la acción en vez de corregir las personas.
- Escuchar en vez de siempre hablar.
- Preguntar en vez de siempre tener respuestas.
- Perdonar sin esperar ser perdonado.

18. EL COJÍN DE LA CARETA

"Con frecuencia andamos por la vida con una máscara debajo de la cual escondemos el verdadero yo y por proyección tampoco encaramos al verdadero tú".

NB

C on frecuencia andamos por la vida con una máscara debajo de la cual escondemos el verdadero yo y por proyección tampoco encaramos al verdadero tú. ¿Qué escondemos detrás de la máscara? Ocultamos frustraciones, desengaños, descontentos, desilusiones, equivocaciones y falsedades. Al actuar detrás de la máscara asoma al exterior una figura distorsionada del yo cuyos rasgos son:

- Nuestras palabras no convencen
- Nuestra sonrisa es una muesca
- Nuestra alegría es un grito
- Nuestra oración no alcanza a Dios, pues no es sincera
- Nuestras plegarias no son oídas
- Nuestros ojos no miran firme, miran pero no ven.
- Nuestros oídos oyen pero no escuchan
- Nuestra risa es un lamento

- Nuestros gestos son de nostalgia
- Nuestra figura es un misterio.

Las caretas que usamos para esconder nuestra propia realidad y que esconden lo que realmente somos, nos convierten en seres débiles, vulnerables y fácilmente derrotado al desaparecer la máscara. Al desaparecer la máscara es posible que se destape un rostro bello, un ser humano sensible y dulce capaz de amar y dejarse amar, que quiere vivir los más sencillos detalles que viven los mortales, pero que no pueden, porque ante esta imposibilidad la máscara es su fuerza, la máscara es su vida. Cuando nos enmascaramos para mejorar solemos decir: -*"No pasa nada, todo está bien, no hay problemas"*, y este mecanismo nos ayuda a seguir adelante a crear fórmulas de defensa que nos convierten en creadores de nuevas oportunidades y sobre todo creadores del mundo que Dios nos ha legado para ser sano, robusto, con un cambio de actitud que nos lleva a afirmar que *"Dios me ama"*, *"Dios provee"*, *"Dios no abandona sus hijos"*, *"Dios conmigo y contra mí nadie"*, *"Dios es mi fuerza"*.

Si por el contrario la máscara la usamos para esconder la mentira, nos convertimos en esclavos y víctima de nuestra propia falsedad, nos vamos enredando y envolviendonos en la telaraña de nuestras propias maquinaciones.

El cojín de la careta tiene que ayudar a desvelar nuestra autenticidad, salir a vivir tal y como somos, sin verdades ocultas, sin verdades a medias, sin resentimientos, sin apegos, sin odios, iluminados por la luz de la sabiduría y la verdad. El cojín de la careta nos alerta frente a la necesidad de rasgar el velo que oculta el alma grande que somos y que por aprensión ocultamos aun a sabiendas de que, *"el miedo es de prudentes pero, vencer el miedo es de valientes"*. ¡Seamos valientes, salgamos al mundo sin miedo!

19. EL COJÍN DE LA BRECHA

"La brecha es esa oportunidad que nos damos para empezar una nueva vida; para adoptar una nueva actitud; para vencer antes-que ser vencido; para dejarse amar, amar a otros y sobre todo amar a Dios".

NB

Una brecha desde el punto de vista espacial es un espacio, camino estrecho, apertura, lugar o condición por donde podemos transitar de un lugar a otro, de una situación a otra. Desde el punto de vista de lo temporal una brecha es un momento, período o tiempo desde donde podemos operar en función del logro de un propósito o esperar en forma consciente y confiada en dicho logro. El cojín de la brecha es esa hendija o apertura a través de la cual podemos ver, escuchar o visualizar una nueva forma de vivir y de hacer las cosas. La brecha suele ser también ese espacio de silencio que logramos conciliar en nuestra mente para descansar, reposar y oxigenar nuestro cerebro. F. Nietzsche dice que *"el camino a las cosas grandes pasa por el silencio"*. Es ese silencio, canal de luz que permite la iluminación de nuestra mente para darnos sabiduría.

La brecha es ese tiempo que nos damos para cultivar una

nueva amistad y permitirnos ese calor humano que nos hace sentir abrigados, protegidos, amados y comprendidos. Es ese espacio que nos damos, para a través de la oración, meditar y acercarnos a Dios para pedir su intervención, misericordia y protección para hacer verdad su ley de Amar a Dios sobre todas las cosas y Amar al prójimo como a nosotros mismos. Es ese espacio que nos damos para reflexionar acerca de nuestras acciones, encuentros y desencuentros, satisfacciones e insatisfacciones, con la verdad , tu verdad y mi verdad.

La brecha es esa oportunidad que nos damos para empezar una nueva vida, adoptar una nueva actitud, vencer antes que ser vencido y dejarse amar, amar a otros y sobre todo amar a Dios. Una brecha muchas veces es un instante, otras veces es un punto, una ojeada, una mirada, un respiro, pero como el arquero tratemos de divisar el punto, aprovechemos ese instante para dar un giro a nuestras vidas y coloquémonos en la posición cimera desde donde podamos mirar al mundo con objetividad, con responsabilidad, entusiasmo y pasión. Hagamos de cada instante esa oportunidad de ser mejores seres humanos. Abramos la brecha para hacer del cansancio, del hastío, del bostezo y la indiferencia un espacio donde arda el fuego, donde queme la llama, donde surja y se anide la ilusión, el compromiso y la esperanza.

El cojín de la brecha está hecho de oportunidades, de complicidad, de secretos, de palabras, de silencios, de acciones, de voces y de ocios. La brecha es por donde pasa esa pequeña luz que luego se agranda, que nos hace ver en la oscuridad y en los rincones lúgubres de un túnel la claridad; es en un momento dado donde resplandece la esperanza a luz de Dios, ayudándonos a hacer conciencia de que *"no existe oscuridad que sea mayor a la luz de Dios"; "Esta luz hace desaparecer la oscuridad, las sombras y nublazones".* Salmo cap. 27-1 y Juan cap. 1-9. Es la luz de Cristo que nos guía a nuestro mayor bien y nos lleva con confianza a vencer los mayores retos, iluminando nuestra mente y corazón hacia la claridad.

La brecha es ese momento de paz que hayamos en la agitación y las luchas por sobrevivir, por mantenernos de pies, por tranquilizarnos, por hallar a través de ideas pacíficas la solución a situaciones difíciles; es la paz como canal perfecto para serenarnos y ver las cosas en forma diferente.

La brecha es ese espacio que no se ve pero que se percibe como:

- La cercanía de aquello que vemos y oímos.
- La claridad de aquello que nos he conocido.
- La relación de dos circunstancias que se complementan.
- La seguridad que da la fe hacia aquello que no veo.
- La convicción de que somos seres de luz y de sombras.
- La posibilidad de mis potencialidades.
- El entendimiento que da el amor.
- El encuentro entre personas que se comunican.
- La empatía que se da entre personas que se entienden.
- La comunión de los que luchan por una causa común.
- El espacio que nos damos para hacer cosas fuera de lo común.
- El camino o trecho que nos quia hacía la meta.
- El viento que sopla a nuestro favor en un momento dado.
- El tiempo que se torna propicio para actuar.

Solemos decir que nos vamos a dar una brecha, que en inglés se dice darse un "Break", lo que significa darse tiempo y espacio para pensar, para reflexionar y organizar las ideas reorientando nuestras acciones. Se habla también de "brecha generacional" refiriéndonos a las diferencias de criterios, ideas y opiniones de un grupo con respecto a otro que no coinciden en edad. Asimismo, se habla de la brecha entre ricos y pobres que significa las diferencias entre el nivel de vida reflejado en las diferencias en lo relativo al poder adquisitivo, el acceso a los bienes y servicios y la capacidad de poder incorporarse a los sistemas de desarrollo personal y social. Igualmente, llamamos brecha al trecho que hay entre dos verdades que se distancian por los modos diferentes de aplicabilidad aludido en la frase *"del dicho al hecho hay un gran trecho"*.

20. EL COJÍN DE LA CONE-
XIÓN CON EL CAMBIO

"El cojín de la conexión nos ayuda a derribar los muros y barre-
ras que nos aíslan de nosotros mismos y de los demás.
NB

E l cojín de la conexión nos ayuda a derribar los muros y barreras que nos aíslan de nosotros mismos
y de los demás, que disluyen las imposibilidades,
que conectan las fuentes del dar con el recibir, de la oscuridad y la luz, del desamor y el amor, de la incomunicación
con la comunicación, de los desencuentros y los encuentros.
El cambio es la conexión que hace posible la razón ante la
sinrazón, que da en el clic para abrir los espacios cerrados;
hace que aprovechemos la pleamar para elevarnos con ella y
llegar a puerto seguro. Si partimos del hecho de que *"la vida es*
corta y las oportunidades pocas" sabremos entonces que tenemos
que conectarnos con los momentos precisos, con las oportunidades, con la fuerza que nos da el querer, porque *"querer es*
poder".
La conciencia que expresa que para cambiar el mundo, tenemos que cambiar todos y cada uno de nosotros; que para

que los seres humanos lleguemos a ser personas tenemos que pasar por un proceso de socialización y enculturación y como tales capaces de poder crear las condiciones y los vínculos necesarios para creer en el cambio y adaptarnos con aquellas cosas que no podemos cambiar.

Si partimos de estas premisas tenemos que aceptar los ciclos del cambio con paciencia, fe y confianza, pues para crear las condiciones para el cambio estamos visualizando y asumiendo el cambio como algo natural que ha de venir inminentemente quieras o no, para lo que hay que prepararse. El cambio hay que proyectarlo en el tiempo y en el espacio de modo que los cambios indeseados que vienen aparejados con los miedos, las angustias y desesperación se puedan vencer; hay que construir los muros y cojines que nos sostendrán; tomar acción e iniciar un verdadero y auténtico cambio; movernos para dar paso a una nueva actitud y una nueva manera de vida; estrechar los vínculos con personas, lugares y situaciones que nos ayudarán poco a poco, paso a paso a cambiar. Hay que lograr las pequeñas cosas que nos permitirán alcanzar las grandes metas, que harán que el cambio sea perdurable y sostenible. Para que el cambio sea emulado y asumido por otros, que sirva de contagio y modelo a los demás, tiene que ser auténtico y duradero.

Para conectarnos con el cambio tenemos que asumir otros valores:
- Paciencia: que equilibra nuestra tolerancia.
- Confianza: que nos da seguridad.
- Fe: que es la confianza sin lógica.
- Perseverancia: que nos lleva a insistir.

Para cambiar es bueno saber ¿qué camino hay que seguir?, porque depende hacia dónde queremos llegar, en razón de que *"hay una sola decisión, cambiar o sufrir"*, según afirma Renny Yagosesky.

Vivimos en un mundo del cambio constante, del cambio permanente, a cuya carrera nos tienen sometidos los países más desarrollados del planeta. Su influencia nos obliga a aceptar el cambio personal para lograr el cambio social. En apariencia estamos viviendo la misma vida sin detenernos a pensar que cada día tenemos la oportunidad de vivir una nueva vida, que de nosotros dependerá que sea mejor que la de ayer y que las anteriores. Cada cambio trae consigo un trauma hasta llegar al desarrollo pleno, pero para poder comprenderlo tenemos que asumir que estamos cambiando, tenemos que comprender que hay varias áreas de cambio y que tenemos el poder de cambiar. Por eso, lo que hace falta es hacer que nuestra mente, valores y actitudes cambien; saber que aunque hay realidades en nuestras vidas que nos vienen impuestas tenemos que tener una actitud mental para aceptarlas; que cuando estamos frente a realidades que sí podemos cambiar, lo más importante es querer cambiarlas para ello, tenemos que ser auténtico y sincero; no negarnos a nada, sino más bien enfrentar nuestra realidad, venciendo obstáculos y salvando barreras y muros.

La conciencia del cambio parte de la realidad del universo donde nada es imperecedero, nada dura para siempre, nada es inmutable, todo pasa, todo es transitorio; por tanto, abrirnos a nuevas posibilidades nos ayuda a conectarnos con *"el amanecer a una nueva conciencia"*, a considerar para nuestra tranquilidad, que *"por oscuro que sea el día de hoy, mañana pasará"*. Hay que crear una coraza para no dejarse agotar y vencer, para darse cuenta, en ese fluir del tiempo, que hay que hacer conciencia de que nada es permanente y que, por ende, hay que vivir hoy por hoy.

21. EL COJÍN DE LA UNIDAD

*"El mundo es una unidad obra maestra de nuestro padre Dios,
donde cada persona está indefectiblemente integrada,
lo quieras o no al cosmos y a la comunidad humana".*
NB

En la vitrina de una tienda de juguetes vimos como exhibían en forma superpuesta varios cojines formando un árbol navideño. La base era un cojín muy grande que sostenía los otros que iban disminuyendo su tamaño en forma progresiva; inmediatamente me vi representada en ese árbol tan peculiar y pensé de qué estará hecho el cojín que servirá de base a los demás; entonces me dije: probablemente está hecho de material firme y noble para que sirva de plataforma y sosten a todos los demás, ayudando así a mantener la forma y estructura de manera perdurable durante toda la navidad. Esta reflexión me llevó a otra más interesante pues relacioné los cojines del peculiar árbol con los cojines que forman mi vida. Me gustaría, en el caso de mi vida, que ese cojín base y fundamento de mi existencia esté construido con unidad, unidad interna, unidad del cuerpo, unidad mental y unidad espiritual que conforme una totalidad que a la vez conformará esa realidad única que soy, ese encuentro entre cada uno de los componentes de mi ser; ese vínculo que me permite diferenciar la persona que soy del individuo, así como mi compromiso con la colectividad.

Del mismo modo me gustaría que ese cojín dé forma a la unidad familiar, unidad fruto de los vínculos de consanguinidad y parentesco cuya fuerza no descansa en este vínculo, sino más bien, en los valores y principios que la sustentan: el respeto, la armonía, la entrega, la responsabilidad y el darse uno a los otros, cuyo lazo de unión fundamental es el afecto.

El cojín de la unidad nos permite reconocer el bien y el mal, lo positivo y lo negativo, para buscar el equilibrio que nos ayuda a encontrarnos con nuestra verdad. Este cojín también contribuirá a la unidad en comunidad, unión que se da por el logro de objetivos y propósitos comunes como: el amor, el compromiso, la participación, la fidelidad, la gratificación y los modos más elevados de unidad entre los que se destacan: la cooperación y la solidaridad, valores que denotan consideración y estima profunda a los miembros de una comunidad. Asimismo, ese cojín servirá para la unidad, pero con la trascendencia, dimensión que abarca toda la humanidad y que nos lleva a una unidad de espíritu y comunión con Dios.

Todos estos valores se cultivan y se hacen posibles gracias a las interacciones con los demás, cuyos propósitos son efectivos al ser: gentil, cortés y receptivo en la relación con los otros. Es importante considerar que para mantener la unidad muchas veces tenemos que desapegarnos, dejar ir, dejar fluir, desatar ataduras, desamarrar cuerdas, soltar todas aquellas cosas que nos paralizan, que nos mantienen aislados, separados de aquello que queremos o a quienes queremos. Sólo al compartir y dejarnos amar por los demás seremos capaces de mantener esa unidad que nos hace fuertes, que nos mantiene vivos y nos ayuda a encontrar la paz interna y la libertad, saliendo de una situación de cautiverio y de la jaula en que nos mantienen encerrados las preocupaciones, los miedos, las carencias, la falta de amor, la añoranza y el apego a las cosas que ya no están.

El mundo es una unidad, una obra maestra de nuestro padre Dios, donde cada persona está indefectiblemente integrada, lo quieras o no al cosmos y a la comunidad humana. Conocer la naturaleza y su unidad es conocer a Dios.

Los demás cojines del árbol de mi vida estarán construidos con **la alegría** de sabernos hijos de Dios, manifestada en el entusiasmo, la dedicación y la entrega con que enfrentamos el día a día; **con felicidad,** la que logramos con la realización espiritual, con la certeza de que la vida es hoy y que he sido creado para la felicidad; **con la sabiduría**, que da luz a las tinieblas; **con la verdad**, razón de ser de todo lo que existe; **con paciencia**, que debe estar presente en la lucha por la vida y que es el tiempo necesario para no sucumbir; **con valores**, herramientas internas que forman parte de nuestra conciencia ética y moral; **con los principios**, que son las normas aprendidas en el entorno y que nos ayudan a la convivencia; **con la tolerancia**, que nos permite reconocer el Dios que hay en ti y el Dios que hay en mí; **con el uso de la conciencia**, permitiéndonos alinear cuerpo, mente y espíritu para tomar la decisión correcta; **con sinceridad**, practicando la verdad; **con honestidad** o actitud hacia la verdad; **con discernimiento**, capacidad de determinar cuál es la mejor opción para tomar una decisión partiendo de criterios concretos; **con el poder del agradecimiento**, disposición interior que nos permite disfrutar, valorar y apreciar para vivir en plenitud.

22. EL COJÍN DE LA FELICI-DAD

"Somos felices cuando agradecemos el bien que hemos recibido, cuando reconocemos y hacemos conciencia plena de quién soy y quienes son los demás".
NB

La felicidad es uno de los tesoros más apreciado, deseado y buscado por los seres humanos, por tanto, todos queremos alcanzarla. Muchas veces vamos tras ellas de manera equivocada sin lograrla, sin saber que para lograrla hay que construir un cojín con tres niveles; un primer nivel que tiene como material el logro de la satisfacción de los sentidos: oler cosas agradables, sentir cosas agradables, ver las maravillas del entorno, respirar aire puro, comer y beber. Un segundo nivel habrá de construirse con la satisfacción que nos proporcionan las cosas que hacemos y que nos permiten realizarnos como seres humanos, sentirnos importantes por lo que hacemos, productivos y creadores de nuevas vidas; sentir la plenitud que nos da el éxito profesional y personal; saber quiénes somos; sentirnos útiles por los aportes que hacemos al desarrollo de los demás.

El material para construir el tercer nivel del cojín de la felicidad lo vamos a obtener del contacto con mi Yo interno, con la búsqueda constante del encuentro con la trascendencia, mi encuentro con Dios, encuentro que produce una felicidad sublime, indescriptible que se siente y se proyecta en forma tan divina que ilumina nuestro existir, haciendo felices a los que nos rodean, una alegría y un gozo espontáneo y contagioso que produce en nosotros un autocontrol que nos lleva a actuar en armonía con Dios.

Para ser felices es bueno ver la felicidad desde la siguiente frase: *"La felicidad es una estación en el camino entre lo demasiado y lo muy poco"* J. ch. Pollock.

Todos los seres humanos andamos buscando la felicidad y en esa búsqueda empleamos casi toda nuestra vida, sin saber que la verdadera felicidad, la auténtica felicidad viene de nuestro Yo interior que es cónsono con nuestros valores y principios y que se hace presente cuando vencemos las insatisfacciones, carencias, y escasez; cuando logramos el equilibrio entre lo demasiado y lo poco o con el todo y la nada.

Somos felices cuando agradecemos el bien que hemos recibido, cuando reconocemos y hacemos conciencia plena de quién soy y quienes son los demás, cuando estamos en paz, cuando soltamos y dejamos ir aquellas cosas que no nos llenan, cuando asumimos una actitud mental de aceptación, cuando hacemos realidad nuestros sueños, cuando nos quitamos la careta y disfrutamos las cosa tal cual somos, cuando engendramos cosas buenas que nos llenan de satisfacción, en fin, cuando disfrutamos cada instante, cada minuto de nuestro tiempo. La frase *"la felicidad no está en llevar el hombre al cielo, esta en traer el cielo al hombre"*. Significa que debemos vivir el aquí y el ahora, disfrutando las cosas bellas que nos rodean, en razón de que *"La felicidad de una persona es muy buena pero la felicidad compartida es más buena para ser felices"*.

23. EL COJÍN DE LA VERDAD

*"La verdad nos ayuda a vivir auténticamente y en forma libre,
natural y conforme a aquello que Dios ha dispuesto para mí".*
NB

L a verdad desde lo absoluto es estática, no cambia y está muy cerca de la verdad divina, que aunque nosotros cambiamos constantemente esa verdad está ahí inmutable y eterna. Si vemos la verdad como algo relativo, estamos hablando de una realidad cambiante e invertida que vamos acomodando y disfrazando de acuerdo a intereses, culpas o miedos. Muchas veces la verdad es muy dura y nos resistimos a aceptarla profiriendo improperios e insultos a quien nos la dice, como si quisiésemos con esa actitud cambiar la realidad que al ser tan dura sentimos que nos aplasta.

Algunas veces subimos muy alto y cuando menos lo esperamos alguien o algo precipita la caída que resulta estrepitosa. Sin embargo, esta verdad es una verdad parcial y eventual pues las caídas generalmente nos dan la oportunidad de empezar de nuevo. Muchas veces creemos tener algo seguro y al ir por ello, de pronto la verdad es que no tenemos nada, haciendo realidad aquel viejo refrán *"fui por lana y salí trasquilado"*.

La verdad está íntimamente unida a la libertad, ya lo proclamó San Agustín al afirmar que *"la verdad nos hará libres"*, victoria que según este santo, descansa en el amor.

Según el gran filósofo alemán Emmanuel Kant, *"la libertad es aquella facultad que aumenta la utilidad de todas las demás facultades"*. En el mismo sentido Jouvert dice que *"ser libre no es hacer lo que se quiere, sino lo que se juzga mejor y más conveniente"*.

La verdad nos ayuda a vivir auténticamente y en forma libre, natural y conforme a aquello que Dios ha dispuesto para mí; por tanto, la verdad está íntimamente relacionada con la libertad, la justicia y la caridad, pilares de la paz. *"La libertad de buscar y decir la verdad es un elemento esencial de la comunicación humana y de nuestra relación con Dios"*. Como testimonio de esta verdad Juan XXIII en la Encíclica Pacem in Terris señaló que para contribuir al orden social había que estar *"basado en la verdad, establecido de acuerdo con las normas de la justicia, sustentado y bendecido por la caridad, y realizado bajo los auspicios de la libertad"*.

La verdad relacionada con la justicia se resume en un decir popular, *"la verdad es como el corcho cuando menos lo cree emerge y flota"*. Oralmente somos muy críticos de la verdad ajena, muchas veces para exculparnos de la verdad propia aplicando la famosa ley del embudo que reza *"lo ancho para mí y lo estrecho para los otros"*. Sin embargo, hay una verdad que está dentro de mí y que está dentro de ti, que está en el mundo interior, y que según San Agustín *"en el silencio del corazón es donde se oye con dulzura y suavidad la voz de la verdad"*, (en.ps41-9) o *"la vida feliz es el gozo amoroso de la verdad"*.

24. EL COJÍN DE LA TOLE- RANCIA

"La tolerancia es entender, aceptar y comprender, nos ayuda a mantenernos en equilibrio y evita el desgaste energético".

NB

L a tolerancia es un valor que como todo valor ema- na de nuestro yo interior y que comienza cuando reconocemos que mi Dios es tu Dios y que por tanto, de la misma forma que me respeto como hijo de Dios tengo que respetar a los demás. La tolerancia nos ayuda a mantenernos en equilibrio, evita el desgaste energético, nos ayuda a respetar a los demás, nos da un poder extraordinario pues permite que vivamos en armonía; el respeto, en cambio, da poder y permite que evolucionemos.

La tolerancia unida a la compasión da en nosotros un en- tendimiento que nos hace conscientes del amor que debemos dar a los demás, nos enseña a respetar y valorar a los demás, perdonándome y perdonando. Al tolerar damos ejemplo de humildad, lo cual se manifiesta cuando tratamos a los otros con ternura, con buenos modales y detalles, cuando los tra- tamos con consideración. La tolerancia como estrategia se fundamenta en el respeto a los derechos y las libertades de los demás,; es según José Román, *"el reconocimiento y la aceptación de las diferencias entre las persona, es aprender a escuchar a los demás, a comunicarse con ellos y entenderlos".*

La tolerancia es entendida como valor, principio o virtud esencial del ser humano, que norma la vida y es fuente de la vida del cristiano, es inclusión en vez de exclusión. Es *" la regla de oro de la conducta humana, puesto que nunca compartiremos las mismas ideas".* Mahatma Gandhi.

Se puede considerar la tolerancia como *"la búsqueda de la verdad, ante lo que los otros dicen, sin rechazar sus posiciones, sin buscar el triunfo personal; ver en los otros un colaborador, no un adversario o enemigo".* Alfonso López.

Tolerar enriquece la relación con los demás y produce:

- Paz y amor en vez de odio.
- Libertad en vez de persecución.
- Pluralismo en vez de localismo.
- Diversidad en vez de uniformidad.
- Tolerancia en vez de beligerancia.
- Aceptación en vez de negación.
- Consensuar en vez de renegar.
- Denunciar en vez de callar.
- Hacer valer en vez de imponer.
- Integrar en vez de marginar.
- Dialogar en vez de discrepar.
- Acoger en vez de separar.

Otro modo de entender la tolerancia es el perdón y la caridad. Para ilustrar esta parte tan importante de la tolerancia citamos a José Román Flecha (Cultura de la Tolerancia):

- Para un creyente, tolerancia significa confesar que sólo Dios es absoluto, mientras que las valoraciones humanas son relativas.

- Tolerancia supone aceptar una enriquecedora y necesaria libertad de opinión en los asuntos contingentes.

- Tolerancia significa que todos somos peregrinos y vamos haciendo camino a lo largo de la historia y a lo ancho del mundo.

- Tolerancia implica que uno no tiene siempre ni todavía toda la verdad y toda la certeza.

- Tolerancia supone reconocer a todos los hombres y mujeres como miembros de la misma familia humana.

- Tolerancia implica conceder a toda persona la presunción de la buena voluntad, de los buenos deseos, de la recta intención.

"La capacidad de la tolerancia será tanto mayor cuanto más arraigadas se encuentren las convicciones". Martínez C.

25. EL COJÍN DE LA PERSE-VERANCIA

"Perseverar no se trata de tener la razón por encima de todo y de todos, se trata de no dejarse vencer por los obstáculos".

NB

En todas las acciones que emprendemos en la vida hay dos alternativas, perder y ganar; triunfar o fracasar, lo importante es aprender de la pérdida y del fracaso, superar la adversidad y empezar de nuevo sin perder de vista que para el logro de metas grandes se requiere de un corazón abierto a los afectos, a la aceptación de uno mismo y de los demás; una actitud de sobreponernos, ya que mientras mayor es la caída mayor satisfacción genera el levantarse, limpiarse el polvo y seguir con nuevos bríos tomando en cuenta que los *"exitosos son los fracasados redimidos"*.

El cojín de la perseverancia está conformado por el gran deseo de lograr un objetivo, estar preparados para asumir la función que te ha propuesto, conocer limitaciones y precariedades, superar el desaliento, estar comprometido con la razón que te mueve al logro, aferrándote a la satisfacción del logro. Perseverar no se trata de tener la razón por encima de todo y de todos, se trata de no dejarse vencer por los obstáculos, se trata de fracasar y volver a empezar, se trata de tener una actitud positiva aún en los momentos difíciles. Para perseverar tenemos que confiar en nuestras aptitudes, pero la actitud nos ayudará a recorrer la mitad del camino, a lograr superar la meta, con la convicción y la pasión que da el querer lograrlo y el amor por el posible logro. Perseverar es hacer lo que tienes que hacer, cuando necesite hacerlo, venciendo los enojos, las dificultades, la tristezas y el desgano; no siempre podemos escoger las situaciones, pero si podemos escoger, la actitud con la que las enfrentamos.

Para perseverar es bueno entender que el mundo no se detiene por nuestras penas, que somos responsables por las carencias, somos responsables por quien llegamos a ser. Ahora, para ello es bueno recordar que *"uno no sabe a donde va hasta que no sabe donde está"*. Will Smith. Por lo antes dicho, reconocemos que para lograr las metas hay un punto de partida situacional que nos ubica en dicho punto y en el reconocimiento a nuestra realidad.

Perseverar es creer en los sueños y vencer el temor que sólo nos postra, nos paraliza en grado sumo, nos aniquila; es ser constantes en nuestras aspiraciones de lograr los sueños, persistiendo aún en momentos adversos que amenazan con derribarnos y obstaculizar el logro de las metas propuestas. Alguien escribió con mucho tino que *"los exitosos son fracasados redimidos"*, por lo que aprender de los fracasos es una actitud de valientes, de sacrificados porque las *"metas grandes demandan sacrificios grandes"*, mientras que *"las fuerzas de un río no se la dan sus aguas, sino la perseverancia con que transcurren"*. Muchas veces las cosas no salen como las tenemos previstas porque nada está escrito, ya lo dice un dicho *"Si quiere hacer reír a Dios cuéntales tus planes"*. Pero aún así perseveremos en nuestros planes porque Dios escucha sus hijos.

26. EL COJÍN DE LA SOLIDARI-DAD

"Ser solidario es ser generoso y satisfacer las necesidades de los demás, y como un bumerán llegará a nosotros lo mejor".

NB

En una cumbre llevada acabo en mi país me llamó poderosamente la atención las palabras del señor Enrique Iglesias, Secretario Ejecutivo de la Seguridad Iberoamericana, quien estructuró su discurso en las siguientes frases: *"la humildad es hija del amor, la solidaridad es hija de la compasión"*. Enseguida entendí que esas frases eran materia prima para la elaboración del cojín de la solidaridad. La primera frase me recuerda el énfasis que hago en mis clases de historia de la cultura en relación a que los grandes hombres y mujeres de la humanidad se han caracterizado por el valor de la humildad que emana del interior del ser humano y que a la vez es como el Amor, un don divino por lo extraordinario de su fuerza, sentimientos experimentados por aquellos hombres y mujeres que han amado y servido a los demás hasta el dolor, con pasión, ardor y fuego. Los grandes humildes y a la vez los que han practicado el más sublime de los sentimientos capaz de experimentar un ser humano, el Amor, son los que mas han amado, y son los que hacen realidad la segunda parte de la frase que destaca la compasión. Jesucristo, como la mayor representación del amor y la compasión, nos insta no sólo a amarnos sino más que nada a *"amar al prójimo como a ti mismo"*. La madre Teresa de Calcuta hace hincapié en ese amor que se da sin condición aunque duela y que es fruto de la pasión, del ardor, de la compasión y el fuego que arde en nuestros corazones. Los que han amado realmente a la humanidad son seres humanos auténticos que han dejado a un lado sus propias necesidades para ayudar a los demás. Retomamos a la Madre Teresa de Calcuta cuando dice *"Si das al mundo lo mejor de ti, eso puede que no sea suficiente. Aún así da lo mejor de ti mismo"*.

"Siempre hay un mañana y la vida nos da la oportunidad para hacer las cosas bien", esta frase de Gabriel García Márquez nos alerta entorno a la necesidad de vivir en forma compartida amando nuestra vida y la vida de los demás, cuyas normas son: amar más, servir más, ayudar más; ser solidario es compartir el don de la vida, es hacer de la vida un culto a la alegría, a la unión, al amor, a la compasión, disfrutando más el placer de compartir.

Ser solidario es ser generoso y ser generosos es una forma de satisfacer las necesidades de los demás, es dar lo mejor que podamos y como un bumerán llegará a nosotros lo mejor. A veces actuamos como ostras que guardamos celosamente la perla fruto de nuestra esencia interior sin comprender, de qué sirve tan apreciado tesoro si lo escondemos en forma egoísta e interesada, negando a otros la posibilidad de contemplar tan grande belleza. No obstante hay que tener en cuenta que ser solidario es también una forma de hacer el bien, pues: *"El bien que hagas hoy, puede ser olvidado mañana. Aún así ... haz el bien"*. Madre Teresa de Calcuta.

27. EL COJÍN DE LA SABIDURÍA

"Solo quien reconoce a Dios conoce la realidad y puede
responder a ella de modo adecuado y
realmente humano".
S.S. Benedicto XVI

L eemos en Eclesiastés cap. 2-13 que *"La sabiduría aventaja a la locura, como la luz a las tinieblas".* La sabiduría es el fruto del buen uso de la inteligencia, del pensamiento y la reflexión crítica para la toma de decisiones. Por tal razón sugerimos tomar en cuenta las siguientes reflexiones, las cuales nos llevarán a actuar en forma sabia:

- Conmuévete, antes que simplemente moverte.
- Actúa con inteligencia, antes que ser inteligente.
- Busca saber en donde estás, antes que saber a donde va.
- Actúa con visión, antes que con pasión.
- Trata de no enojarte, antes que vencer los enojos.
- Trata de ser exitoso, antes que sólo existir.
- Obten la gracia, antes que ser gracioso.
- Trata de entender, antes que sólo escuchar.
- Ocúpate, antes que preocuparte.

- Halla la solución, antes que la reacción.
- Comunícate, antes que sólo hablar.
- Abre el corazón, antes que la sólo mente.
- Lleva a cabo la acción, antes que solo la intención.
- Da, antes que recibir.
- Construye, antes que destruir.
- Se feliz por lo que eres, antes que por lo que tienes.

Pero también es de sabios:
- Sembrar con fe para cosechar con alegría.
- Hacer las cosas pequeñas en forma grande.
- Servir a los otros como servimos a Dios.
- Amarnos, para acercarnos a la mejor forma de amar a los demás.

Ser sabio es actuar en forma ponderada, equilibrada, donde todos los actos, acciones y principios que guían nuestras vidas estén relacionados entre sí, a partir de los propositos:

Propósito ideal (las cosas como deberían ser).

Propósito de transformación (la sabiduría en la acción).

Propósito real (las cosas como son).

Por ley natural los seres humanos poseemos dones físicos, mentales y espirituales, los cuales constituyen nuestra esencia; al manejarlos con ligereza, inadecuadamente o ignorarlos se pueden convertir en nuestros enemigos más feroces.

El uso de nuestros dones en forma sabia e inteligente nos lleva a conquistar el mundo, a ser, en esencia, seres humanos superados, capaces de desarrollar una conciencia moral que nos permite diferenciar el bien del mal, optando por el primero para la prevalencia de un mundo más positivo, esperanzador y posible. La sabiduría divina nos lleva a saber y a afirmar que Dios es nuestra fuente de bien. *"Solo quien reconoce a Dios conoce la realidad y puede responder a ella de modo adecuado y realmente humano".* S.S. Benedicto XVI. En la V conferencia de Aparecida. Actuamos de manera sabia cuando hacemos conciencia de que, con nuestra creación, Dios dijo SI a lo que somos y a quienes somos, pues somos el fruto de esa afirmación divina, por tanto, aquello que decimos, hacemos y somos no le cabe un no por respuesta.

La sabiduría es un bien divino, ya lo dijo el apóstol Pablo en su primera carta a los Corintios: *" lo que puede parecer una tontería, muchas veces es mucho más sabio que toda sabiduría humana".* Por la sabiduría que me ha tocado imagino el bien y el bien que imagino se hace realidad.

28. EL COJÍN DE LA HONESTI-DAD

"Me lastima más la falta de honestidad que la infidelidad".
NB

Así como la vida nos presenta oportunidades de lograr muchas satisfacciones, nos ofrece muchas insatisfacciones fruto de: la escasez, los vacíos, la soledad y las carencias que sentimos cuando no logramos satisfacer necesidades tanto objetivas como subjetivas que demandan el cuerpo, la mente y el espíritu. Estas necesidades nos llevan a estar en constante búsqueda de respuestas que muchas veces no logran calmar nuestras carencias; sólo cuando nos aceptamos tal y como somos, sólo cuando aceptamos a los demás tal y como son, siendo honestos con nosotros mismos y con los demás, podremos conquistarnos y conquistar a los otros desde nuestra verdad y la verdad de los demás.

En la búsqueda de los ingredientes para construir el cojín que nos ayude a lograr el soporte que nos da la honestidad, muchas veces es mejor retroceder para poder avanzar, siempre que al retroceder lo hagamos para conocernos mejor, para indagar sobre qué es lo que realmente queremos, qué es lo que de verdad nos hace falta; y después de esta revisión del Yo interior, entonces sí que podremos reconocer, perdonar, dar gracias, tocar la puerta indicada y avanzar hacia nuestro objetivo. Para que todo lo antes dicho se dé tenemos que ser honestos, ser auténticos, actuar bien dando lo mejor de nosotros mismos, con humildad, sencillez y verdad.

Se es honesto:
- Cuando no toleramos la falsedad.
- Cuando actuamos coherentemente en relación con lo que creemos y la manera como pensamos.
- Cuando somos fieles a nuestros principios y valores.
- Cuando tratamos de cumplir con la misión que nos hemos trazado en relación con los demás.
- Cuando somos capaces de renunciar a posiciones, honores y remuneraciones aunque con ello pasemos privaciones.
- Cuando decimos siempre la verdad.
- Cuando somos fieles a los demás.
- Cuando acallamos nuestros derechos para dejar que se respeten los derechos de los demás.

Ser honesto es una virtud que eleva al ser humano y lo hace buscar el equilibrio y la armonía entre: la sombra y la luz; el amor y el odio; la paz y la guerra; el bien y el mal; la verdad y la mentira. La honestidad es la llave que nos abre la puerta a la sinceridad, a aceptarnos a nosotros mismos, a aceptar a los demás y a recibir la recompensa que merecemos. La honestidad es la mayor herencia que podemos dejar a nuestros hijos e hijas; la mejor herencia que pueden dejarnos nuestros padres, por ello cito estos versos que constituyen la herencia que recibí de mi padre:

"Soy mujer
con mi pelo cano,
mi boca grande, mi hablar severo
mi caminar mirando al suelo
y poder mirar de cara al cielo
eso lo heredé de mi papá."
NB 1989

El ser honesto es un don que me lleva a reconocer que la infidelidad, la mentira, la traición, el engaño, el fraude son acciones humanas que corroen y dañan la sociedad convirtiéndonos en víctimas de nuestras propias falsedades. El poder de la honestidad debilita el daño que pueden causar otros grandes males de la sociedad, como se advierte en la siguiente frase: *"Me lastima más la falta de honestidad que la infidelidad"*. Nos pasamos la vida haciéndonos la víctima y como para cada víctima hay un victimario, andamos buscando ese victimario en las personas que nos rodean y con las que nos relacionamos. Sin embargo, es muy probable que ni somos víctimas ni hay un victimario, simplemente no somos honestos con nosotros mismos para reconocer nuestra responsabilidad en los tropiezos y fracasos que se nos presentan. La honestidad a veces nos convierte en víctima, pero no podemos dejar de ser honestos aún nos engañen y lastimen. Ser honestos es ser franco, abierto y transparente, es vivir de cara al cielo, sin temores, sin miedos, sin engaños, sin mentiras.

29. EL COJÍN DE LA SANIDAD

_"Para lograr la sanidad tenemos que ordenar nuestra vida
en consonancia con el orden del universo, de modo
que seamos receptivos a sus leyes"._

NB

A l enfrentar una situación de pérdida de la salud, de un ser querido, de un empleo o de algo muy querido, nos hundimos en la escasez y nuestra vida se vuelve un caos que tenemos que resolver desde nuestro interior para poder enfrentar los hechos que nos perturban. Para sanarnos tenemos que encontrar el equilibrio entre nuestro interior con el exterior dando paso a la creación de una realidad más armoniosa, serena y perdurable que permita hacer más solida nuestra estructura de vida. Para lograr la sanidad tenemos que ordenar nuestra vida en consonancia con el orden del universo, de modo que seamos receptivos a sus leyes. El cojín de la sanidad nos ayuda a:

* Pensar positivamente, _"la situación actual está llena de oportunidades para mi"; "estoy lista(o) para lograr grandes cosas"; "la prosperidad está siempre a mi disposición, Dios está conmigo"._
* Tratar de escuchar nuestra voz interior, con honesti-

dad, transparencia y verdad.

• Escoger y crear nuestra realidad siendo artífices del destino, *"atraer el bien hacia mí, pintando nuestro propio lienzo"*, *"haciendo conciencia de que el poder nos pertenece"*.

• Recuperar nuestra vida, amándonos un poco más, queriéndonos, considerándonos, mimándonos y siendo compasivos en el reencuentro con nosotros mismos, con los demás y con Dios, *"llenar nuestros vacíos con la alegría de estar vivos, de contar con el amor divino y de tener familiares y amigos"*.

• Ayudar a los demás, *"siendo solidarios, compasivos, sirviendo a los otros y acompañándolos en sus propias pérdidas"*.

• Usar los dones del espíritu, para tener una vida más alegre y transmitir esa alegría a los demás. *"Seamos tiernos, delicados y amorosos hablando con palabras hermosas y con suavidad"*, *"perdonemos a los demás"*, *"estemos gozosos pues hemos venido a este mundo a ser felices y a hacer felices a los demás"*.

• Renovarnos constantemente, adoptando hábitos saludables, *"ver las cosas en forma nueva y diferentes"*, *"tener una relación personal y significativa con Dios"*, *"renovar tu espíritu con la inteligencia y recursos que nos ha dado Dios"*.

• Caminar con Jesús y pedirle que sane nuestro cuerpo, alma y mente con la siguiente oración: *"Jesús, aposéntate en mi alma para que pueda yo reencontrarme; ayúdame a ser un ente de paz, de amor y positivismo para que pueda proyectar en forma colectiva estos sentimientos y contribuir al proceso de cambio de la humanidad. Amén"*.

Para sanarnos en forma fluida es sano también tener en cuenta las siguientes consideraciones:

a) Tener deseo de sanar.

b) Alejarnos de las cosas que nos quitan la felicidad.

c) Soltar los apegos a las cosa materiales y a las imposibles.

d)Bendecir nuestros días.

e)Nutrirse con pensamientos de felicidad.

f) Agradecer la belleza que la naturaleza otorga a todo lo creado.

g)Hacer conciencia de la responsabilidad de tu sanación.

h)Involucrar a Dios en nuestra agenda de vida.

Si se derriba la torre de nuestra salud, de nuestra fe, y de nuestra vida a partir de una de las enfermedades del siglo XXI, el estrés, estará produciéndonos angustia, ansiedad, miedo y culpabilidad, las que a su vez degeneran en rabia, ira, sufrimiento y dolor físico. En ese momento llega la hora, primero de levantarnos reconociendo las causas de nuestro estrés a través del cojín de la sanación, y segundo, hacer conciencia de cómo manejar la situación de estrés, ante nuestra persona y ante las situaciones que se nos presentan a cada momento.

Examinemos las causas de nuestro estrés:

- Situaciones inadecuadas en el trabajo.
- Relaciones amorosas de insatisfacciones.
- Falta de liquidez.
- Preocupación por deudas.
- Búsqueda de aprobación al compararnos con los demás.
- Inconformidad con la pareja.
- Aburrimiento e indiferencia ante lo cotidiano.
- Impotencia ante situaciones difíciles.

Pautas para manejar, sanar o aliviar el estrés:

- Alejarse de personas que te causan estrés.
- Evadir las situaciones de estrés.
- Practicar ejercicios de relajación que nos alejen del es-

trés.

• Crear afirmaciones positivas.

• Rodearnos de personas y objetos positivos.

• Conectar nuestra mente, cuerpo y espíritu con las impresiones y emociones que nos proporcionan felicidad, gozo y satisfacciones.

Para sanar el cuerpo tenemos que sanar fisioterapéuticamente nuestra mente, pues muchos de los dolores musculares están asociados a dolencias emocionales que demandan una mayor atención a los sentimientos que de manera involuntaria contraen nuestros músculos. Tenemos también que aplicar terapia a nuestra alma a través de la oración.

Las emociones son necesarias para proteger y defender el cuerpo y el alma, muchas de ellas nos causan innumerables daños por ejemplo:

• La indiferencia: -falta de entusiasmo por las cosas que te rodean y por los demás, se puede definir también como forma de ver las cosas superficialmente.

• La indecisión: -Titubear o dudar a la hora de decidir hacer algo, la dificultad que nos produce la disposición a hacer algo.

• La impotencia:-Saber lo que necesito, lo que quiero y lo que hace falta, pero no saber hacer nada para lograrlo.

• El egoísmo : -*"postula el autointerés como ética"; "es servicio sin humildad"*. Mahatma Gandhi.

• La vergüenza: -*" valla entre la virtud y el vicio"*. P. Feijoo

- La imprudencia: -*"nada más peligroso que un amigo imprudente..."* La Fontaine

- El engaño: -*"creerse más listo que los demás"*. L.R

- La adulación: -*"es más peligrosa que el odio"*. B Gracián

- Miedo: - El miedo nos frena, esclaviza y no nos deja ser.

- La fobia:- Miedo exagerado que se vuelve en tu contra y se convierte en un peligro pues puede llevarnos a la depresión y al estrés.

- La ansiedad:- Se genera con las situaciones adversas al querer saber, hacer o tener aquello que no esta a nuestro alcance; nos preocupa el futuro y no vivimos el presente.

- El conflicto: -*"Encuentro con los instintos"*

- La venganza: -*" No borra la ofensa"*. Calderón de la Barca

- La intolerancia: *"Dejarse vencer de los propios miedos"*, el poder que se gana al imponer las ideas.

Para sanar estas dolencias tenemos que conectar nuestro cuerpo con energías integradoras del universo, de modo que podamos controlar las emociones para evitar caer en depresiones y en estrés; es conveniente racionalizarlas y dar el paso a las menos dañinas, como:

-129-

El miedo: Bien administrado nos prepara para la huida y la búsqueda de protección.

La compasión: Nos permite ser solidarios.

La alegría: Nos permite ser agradecidos y muchas veces se manifiesta con lágrimas o risas que alivian y quitan tensiones.

Debe, además, continuar con **la oración** que te pone en contacto con tu Yo interior, te transforma y te envuelve en la más alta conexión con la naturaleza. Con la oración se invoca y manifiesta la protección divina, que es la forma más elevada de sanidad; nos liberamos y sanamos no solo, los pensamientos sino los trastornos acumulados desde la niñez, convirtiéndonos en personas sanas.

30. EL COJÍN DEL PERDÓN

"En nuestra falibilidad esta nuestra humanidad,
por tanto, no somos dueños de la verdad".
NB

L a felicidad del ser humano no está en olvidar, está en perdonar; así como la libertad está en decir te perdono, el gozo está en decirlo de corazón. El cojín hecho de perdón tiene varios ingredientes. El primero es **saber que hay que perdonar** los ultrajes, las ofensas, los agravios, los daños materiales y espirituales, los abusos, los malos tratos; las heridas que nos dejan cuando nos han lastimado, cuando nos han tratado mal, cuando nos juzgan mal, cuando nos tratan con crueldad y con desprecio, cuando nos han condenado, cuando hemos sido perseguidos, cuando nos han calumniado y humillado, cuando nos han traicionado.

El segundo ingrediente es **hacer conciencia** de que un corazón que no perdona se llena de toxinas, que a partir de las emociones toxicas nos envenenan el cuerpo y el alma, enfermándonos y haciéndonos daño, las peores son: el odio, el rencor, la ira, la angustia, la amargura, la furia, la rabia, el enojo, la frustración, el dolor, el aborrecimiento, los resentimientos, las culpas y el miedo.

Hacer conciencia de lo nefasto de no perdonar, saber que la falta de perdón en el peor de los casos, es la muerte física y/o espiritual, que es lo mismo que decir miseria, pobreza, carencia, confusión, pesimismo; males que atan y que se convierten en un estorbo, en un obstáculo, en un freno, en una cadena, en una carga y muchas veces en una especie de castigo que no nos deja crecer, avanzar y mucho menos desarrollarnos como seres humanos que aspiramos a vivir bajo los preceptos de Dios. El no perdonar nos mantiene en rebeldía, quebrantando así nuestras oportunidades de crecer y mejorar.

El tercer ingrediente tiene que ver con **la satisfacción y los beneficios del perdonar.** Cuando perdonamos de corazón vivimos más tranquilos y en paz consigo mismo, con todos y con Dios; nos produce alegría y gozo, nos libera, nos rescata, aligera nuestra carga y nos hace realmente descansar del peso que nos oprime y encadena. El perdonar nos hace sentir plenos, nos produce alivio, nos da fortaleza y seguridad, nos llena de energía constructiva, todo esto nos hace ser seres positivos.

El cuarto ingrediente se da cuando **asumimos la decisión de perdonar,** decisión que nos lleva a llenar nuestro cojín con pensamientos, palabras y acciones que en forma abundante se traduzcan en ternura, gentileza, confianza, clemencia, compasión, amor y misericordia hacia los demás. El que perdona hace el bien, bendice, es benigno, y bondadoso. El que perdona muestra aprecio, vive en plenitud y en reconciliación consigo mismo y con los demás, acepta y respeta a los otros, inspira confianza y es cordial y considerado. Para ser un perdonador tengo que perdonar desde las tres dimensiones del ser humano: personal, social y trascendental. Por tanto, el perdón empieza perdonándome, perdón personal que consiste en querer pulgar las culpas reales o supuestas al sentir que fallamos, que nos equivocamos, que hemos cometido algún error o cuando estamos avergonzados, es una manera de perdonar muy difícil, pues *"somos más severos con nosotros mismos que lo que somos con lo demás"*. Al perdonarme me sosiego, me lleno de paz y la gracia de ese perdón, equilibra mis pensamientos y me libero mentalmente.

Perdonar a los demás por las ofensas recibidas, otra forma de perdón que implica:
• Bendecir en vez de maldecir.
• Amar en vez de odiar.
• Hacer el bien en vez del mal.
• Tratar bien en vez de mal tratar.
• Apreciar en vez de despreciar.
• Confiar en vez de desconfiar.
• Reconciliar en vez de divorciar.
• Contestar en vez de cuestionar.

Perdonamos a los demás cuando somos capaces de decir "lo siento", "te entiendo", "te confieso mi equivocación", "te bendigo", "te perdono". En Mateo cap. 55-23.24 leemos "… *reconcíliate primero con tu hermano, y entonces vuelve presente tu ofrenda"*. En el cap. 18.15 nos dice *"si tu hermano te hace algo malo, habla con él y a solas, hazle reconocer su falta. Si te hace caso ya has ganado a tu hermano"*. Asimismo, en Efesios cap.4-32 leemos *"Sean buenos y compasivos unos con otros y perdónense unos a otros, como Dios los perdonó a ustedes en Cristo"*. Como no tenemos nada que perdonar a Dios, nuestro empeño tiene que estar en poder alcanzar el perdón de Dios que empezamos a merecerlo cuando somos capaces de perdonarnos y perdonar. Al poner nuestra confianza en Dios dejo pasar ofensas y agravios y entrego toda situación a Dios, perdonando toda injuria, acusación y perjuicio. Disfruto de tranquilidad y entrego mis culpas a Dios y espero confiada su perdón. Pido para mis enemigos, así como lo hizo Jesús, poder perdonarlos, haciéndome eco de sus palabras *"Padre, perdónalos, porque no saben lo que hacen"*. Lucas cap. 23-34.

El perdonar es obra de los grandes hombres y mujeres de la humanidad y por ello citamos aquí a la Madre Teresa de Calcuta cuando dice *"A veces las personas son egoístas, ilógicas e insensatas; aún así…Perdónalas".*

Por todo lo antes planteado podemos señalar tres tipos de perdón:

1. El perdón personal: que se origina en la culpa que nos produce la certeza de que hemos fallado, nos hemos equivocado, omitido o errado, razón por la que pedimos perdón. Recibo el perdón cuando acepto la disculpa de los demás, al darme otra oportunidad, al admitir que hemos causado alguna ofensa, cambio de actitud y me hago partícipe del cambio y de un nuevo renacer.

2. El perdón a los demás: es un perdón difícil de practicar porque la magnitud de las ofensas a veces son muy grandes y tendemos a cerrar la posibilidad para su práctica. Para poder perdonar a los demás tengo que ver lo bueno que poseen, verlos con compasión, aceptarlos sin importar fallas y debilidades, bendecirlos y abrir nuestros corazón al amor de Dios. Hay otros tipos de perdón hacia los demás que se practican para dar excusas, hacer cumplidos, interrogar, como apertura y a veces hasta en forma irónica. Otro tipo de perdón es del que habla Pablo en su carta a los Efesios cap. 4-32, donde el perdón,

fruto del espíritu lo plantea íntimamente ligado a la bondad.

3. El perdón y nuestra relación con Dios: Nuestra relación con Dios depende de nuestra relación con nosotros mismos y con los demás, bien claro nos lo narra Mateo cap.6-14 *"porque si ustedes perdonan a otros el mal que les han hecho, su Padre que está en el cielo los perdonará también a ustedes".* Y más aún nos lo dice Jesús en la oración que nos enseñó, el Padre Nuestro: *"Perdónanos el mal que hemos hecho, así como nosotros perdonamos a los que nos ofenden".* Mateo cap. 6-12.

¿Cuándo merecemos ser perdonados?:
• Cuando elegimos no guardar rencor ni resentimientos.
• Cuando practicamos el perdón hacia nosotros mismos y hacia los demás.
• Cuando abro mi corazón limpio y sincero hacia los demás.
• Cuando bendigo a los otros con compasión.
• Cuando dejo ir los agravios.
• Cuando hago extensivo a otros el perdón que me han otorgado.
• Cuando somos humildes y pedimos el perdón.
• Cuando somos pacientes y esperamos.
• Cuando confiamos en el perdón de Dios a través de su hijo.
• Cuando ofrecemos a otros la oportunidad de mejorar.
• Cuando dejo atrás los errores cometidos.
• Cuando dejo atrás cualquier ofensa que me hayan hecho.
• Cuando abro caminos de comprensión.

La actitud del que perdona se identifica porque: es cariñoso, luce satisfecho, es amable, luce feliz y gozoso, aprecia y valora el bien que ve, es respetuoso y considerado, se muestra atento y agradecido.

Cuando Jesús habla del perdón como un acto que debo hacer todas las veces que sea necesario, lo hace con claridad en Mateo cap.18-21: *"Entonces Pedro fue y preguntó a Jesús; Señor, ¿cuántas veces deberé perdonar a mi hermano, si me hace algo malo? ¿Hasta siete? Jesús le contesto: no te digo hasta siete veces, sino hasta setenta veces siete"*. Para perdonar lo mismo que para pedir perdón debo ser transigente, entender que los seres humanos cometemos errores y que en nuestra falibilidad está nuestra humanidad, por tanto, no somos dueños de la verdad, pero perdonar es una facultad que nos ayuda a vivir en libertad.

31. EL COJÍN DE LA LIBERTAD

"Ser esclavo del amor es ser libre".
S. Agustín
*"La autentica libertad es la que sabe vivir gozosamente
de acuerdo con la ley".*
S. Agustín
"El hombre libre reconoce su propio bien en el bien común".
J. Ratzinger

Para Amartya Sen, premio novel de economía, *"La
Libertad es el fin principal del desarrollo".* Empero, según la filosofía agustiniana, es *"la capacidad de elección
que tenemos los seres humanos del bien y del mal".* En su aspecto
positivo la verdadera libertad tiene que ver con hacer siempre
el bien en sí y para sí, tomar en cuenta a los demás practicando el bien común; arribando a la libertad suprema cuya
razón para actuar es el amor por el que vivimos la autentica
libertad. La libertad es entendida también como una manera
de actuar con rectitud. Al someterse a la ley y humildemente a
la orientación divina, se puede definir como *"La facultad propia
de los seres humanos que le permite elegir entre distintos modos de obrar
que considere correcto haciéndose responsable de tal elección".* De todo
lo planteado se puede entender la libertad como el derecho
que tenemos para hacer o no determinadas cosas, asumiendo así la libertad como un comportamiento que nos orienta

para aceptar o no los límites que nos impone la sociedad y nuestra propia condición humana. La libertad es un bien que debemos usar con responsabilidad en la convivencia y en los diferentes ámbitos en que nos desenvolvemos sin perjudicar a los demás.

La verdadera libertad según San Agustín consiste en *"la alegría del bien obrar". "El hombre bueno aún sometido a servidumbre es libre, el hombre malo aunque sea un rey, es esclavo y no de un hombre sino de tantos dueños como vicios tenga".* Civ. Dei. IV, 3. Entendida la libertad como *"una propiedad de la voluntad por medio de la cual las personas tienen la capacidad de elegir y de actuar"*, se hace necesario que cultivemos la buena voluntad, para que nuestras acciones sean consecuentes con nuestras intenciones y podamos vivir más alegres, procurar nuestro bien y el bien común, el fruto más elevado de la libertad. A pesar del bien que encierra la libertad, vivimos de cara a la práctica de formas contrarias a la libertad:

- Actuar en contra de los valores morales.
- Excesivo afán de independencia.
- Actuar medalaganariamente.
- Practica de la desobediencia.
- Actuar en forma egoísta.
- Practica de la injusticia.
- Esclavos del egoísmo y la arrogancia.
- Dominados por los instintos y las pasiones.
- Uso inadecuado del libre albedrío.
- Denegación de oportunidades en el mercado de trabajo
- Falta o escasez de buena voluntad.
- Falsa libertad.
- Servilismo.
- Libertinaje.

Asimismo, vivimos constantemente influenciados por factores que inciden negativamente en nuestros derechos a la libertad, como son:

- La escasez
- La pobreza
- La falta de oportunidades
- Privaciones
- Abandono
- Intolerancia
- Exceso de autocontrol
- Exceso de intervención
- Inseguridad.

Cuando vencemos todas estas limitantes vivimos la libertad manifestada en:

- Libre expresión.
- Libre selección.
- Garantías de transparencias.
- Acceso de oportunidades en el ámbito social.
- Seguridad y protección.
- Progreso en los mecanismos de protección.
- Libre intercambio de ideas y bienes.

S:S:Benedicto XVI, en su obra Libertad, Valores y Poder J: Ratzinger plantea que *"la libertad conserva la dignidad cuando permanece vinculada a su fundamento y a su cometido moral"*. Asimismo, señala que *"una libertad cuyo único argumento consistiera en la posibilidad de satisfacer las necesidades no sería una libertad humana"*, de tal modo entendemos que el fundamento de la libertad es el ser humano, único ser vivo que escoge ser libre o, por el contrario, ser esclavo; cuya libertad individual o personal no tiene sentido sino es en función a la libertad de los demás, pues él señala que *"la libertad individual sólo puede subsistir en un orden de libertades"*.

Paradojas relacionadas con la libertad:

- *"Ser esclavo del amor es ser libre".* S. Agustín
- *"La autentica libertad es la que sabe vivir gozosamente de acuerdo con la ley"* S. Agustín
- *"El hombre libre reconoce su propio bien en el bien común".* J. Ratzinger.

32. EL COJÍN DE LA ABUNDAN-CIA

"La abundancia me permite dar pasos
de sabiduría guiados por la gracia; sentir el apoyo de la
seguridad que significa el bien".
NB

L os ingredientes del cojín de la abundancia son to-das aquellas riquezas que Dios nos da en lo mate-rial y en lo espiritual, de modo que nada nos fal-te, donde no hay carencias, donde el cuerpo y el espíritu se complementan, donde no existe el vicio y donde la existencia encuentra su razón de ser; cuando estamos llenos de Dios y podemos disfrutar de plenitud. La abundancia produce en nosotros satisfacción y regocijo pues al tener: sabiduría, forta-leza, bendiciones, gracia, dones, talentos y prosperidad senti-mos la plenitud de vivir y de querer que los demás vivan bien. En aquellos casos en que sentimos carencias, escases, falta de algún bien, tristeza y pobreza es necesario que reprograme-mos nuestra mente, de modo que podamos visualizarnos en prosperidad y proyectarnos en bonanza, en riqueza material y espiritual. La abundancia me permite avanzar hacia la meta; dar pasos de sabiduría guiados por la gracia; sentir el apoyo de la seguridad que significa el bien y que abundantemente viene de Dios.

Muchas veces asociamos la abundancia a un golpe de suerte que esperamos sin hacer el mayor esfuerzo, sin saber que la suerte es el espacio entre lo planeado y el azar; entre el dejar que las cosas ocurran y el crear las condiciones para hacerlas ocurrir; seguir los signos del sendero divino y construir el propio camino; esperar el bien y cooperar para que este se manifieste. La abundancia es el fruto del tener, del poseer, que se torna en riqueza cuando damos y cuando compartimos. La mayor riqueza del ser humano está en dar y recibir.

¿De qué quiero abundancia?
- De paz y amor interior.
- De bendiciones.
- De la gracia de Dios.
- De inspiración y creatividad.
- De orientación y guía.
- De comprensión.
- De salud y curación.
- De bienestar y seguridad.
- De fe y protección.
- De sabiduría y orden divino.
- De gozo y felicidad.
- De prosperidad y satisfacciones.
- De confianza y afectos.

La abundancia es esa sensación que experimentamos:
- Al sentiros llenos aún cuando nos falta algo.
- Al sentirnos plenos aún en la escases.
- Al sentirnos cobijados aún en la desnudez.
- Al sentirnos satisfechos aún sin alimentos.

- Al sentirnos confiados aún cuando todo estén en nuestra contra.
- Al sentirnos acogidos aún cuando nos desprecien.
- Al sentirnos amados aún con carencia de afectos.
- Al mostrar nuestra cara alegre aún cuando nos consume la tristeza.
- Al sentir que valemos aunque no nos valoren.
- Al sentir que estamos sanos aún en la enfermedad.
- Al sentirnos acompañados aun en la soledad.

La abundancia nos hace sentir prósperos, que tenemos más que lo que necesitamos, que el existir, amar y vivir es una muestra de la abundancia y la misericordia de Dios, que aún viviendo en el suelo saber que existe el cielo, el aire y el mar tan inmensos como el amor de Dios. La abundancia que da el dinero es necesaria para vivir en forma más holgada y con un mínimo de seguridad, sin embargo hay una abundancia que nutre y llena el espíritu que llega a nosotros a través de la oración y cuando visualizamos el bien que sólo nos prodiga nuestro Padre Dios.

33. EL COJÍN DE LA FE

La fe "es, pues, la certeza de lo que se espera,
la convicción de lo que no se ve..."
Hebreos cap.11:1

Cuando afirmamos que algo no tiene remedio, estamos negando el poder de Dios, y estamos sometidos a la mayor de las pruebas, la prueba de la fe. El remedio para sanar las dolencias está indefectiblemente en las manos de Dios, aquel que no tiene imposibles pues obra para nosotros a partir de la fe que depositemos en Él. Hablar de la fe muchas veces encierra una paradoja muy grande, pues una cosa es **hablar de fe** y otra muy distinta es **tener fe** y más aún, **practicar la fe**. Para hablar de fe comenzamos declarándonos como personas de fe. No obstante, sabemos que la fe es *"la realidad que sólo se nos revela a medida que nos relacionamos con ella en forma creativa"*. Estas declaraciones son una muestra de nuestro conocimiento de que avanzamos seguros y confiados hacia el bien y de que mi fe es mayor que mis dudas. En la segunda carta de Pablo a los Tesalonicenses, cap. 6-11, éste les hace un llamado para que luchen por la fe: *"pelear la buena* *batalla de la fe, no dejes escapar la vida eterna, pues para ello te llamó Dios y por ello hiciste una buena declaración de fe...".* Para declarar la fe hay que estar seguros y convencidos de que tenemos fe y de que seremos capaces de llevar a cabo acciones de fe. La fe *"es, pues, la certeza de lo que se espera, la convicción de lo que no se ve..."* Hebreos cap.11:1

El conocimiento de la fe no nos asegura una vida conforme a la fe porque como sigue diciendo Pablo, muchos tienen el conocimiento de la fe pero no la profesan. La verdadera fe es un acto de vida, ya lo dice el apóstol Santiago cap. 2-14.17 ¿de qué le sirve a uno decir que tiene fe si sus hechos no lo demuestran?, ¿podrá salvarlo esa fe?, *"la fe que no se demuestra con hechos es cosa muerta".* Sin embargo, el poder de la fe es tan grande, que el tenerla *"aunque sólo fuera del tamaño de una semilla de mostaza podríamos decir a un árbol de mora arráncate de aquí y plántate en el mar y el árbol haría caso".* Lucas cap.17-6. Vivimos la vida y en cada respiración vamos dejando parte de ella, como el dolor que se mete en el alma y que se derrama gota a gota en cada lágrima, en cada suspiro, en cada plegaria, en cada silencio, en el llanto callado que produce la inclemencia humana; en el sin sentido de la humillación, el desprecio y la ingratitud a que nos someten otros seres humanos.

En cada respiración vamos construyendo la vida, alimentando con el oxígeno del aire nuestras neuronas y construyendo un nuevo mundo de esperanza, movido y sostenido por la fe. *"La fe alienta e inspira a quienes la practican y a asumen como forma de vida".* La fe es el canal que nos comunica con Dios porque a través de ella tenemos la certeza y la confianza de que Dios nos protege y derrama sobre nosotros su gracia y su misericordia en todo lugar y circunstancia. La fe es ese motor que nos impulsa a actuar y a vencer cuando nos enfrentamos a dificultades, retos, desafíos y con aparente pocas posibilidades, nos levantamos y escudados en ella nos quedamos con la victoria. Cuando me asaltan la duda y el temor me pertrecho con las herramientas del cojín de mi fe en Dios y camino segura hacia el éxito. Si acaso me tropiezo, sigo aferrada al cojín de la fe y avanzo con confianza y seguridad hacia mi mayor logro. Cuando las preucupaciones me llevan a centrarme en lo negativo, hago centro en mi fe que me lleva a *"ver la vida con la visión de Cristo"*, porque:

- La fe es la convicción de que Dios nos ve y nos escucha, porque estamos convencidos de que Él está cerca.
- La fe es ver más allá que las apariencias.
- Es la certeza de poder vencer el mal que está en las cosas físicas y en las espirituales.
- La fe me ayuda a vencer el mal que traba mis posibilidades, que me limita y que me mantiene paralizado.
- Por la fe venzo el temor y el miedo que no me dejan ser libre.
- Por la fe no me preocupa la escasez, pues se que Dios provee en forma abundante y fluida.
- Por fe veo más allá de las apariencias y dejo toda preocupación por el porvenir.
- Por la fe hago presente a Dios en mí y en mis seres queridos.
- La fe llena cualquier vació dándonos seguridad y elevando nuestro espíritu.
- Un momento de fe nos eleva y nos lleva al próximo peldaño y a proseguir con mayor comprensión.

La fe se traduce en la **confianza** que tenemos, la manera como la **transferimos** a todas las situaciones que nos presenta la vida y que se refleja en las cosas **extraordinarias** que acontecen en nuestra vida diaria. Veo la fe como: la semilla que permite que brote un gigantesco árbol; los pensamientos positivos que dan paso a ideas sabias; los pequeños cambios de cada día que contribuyen a cambiar el mundo; la oración que mueve montañas; la belleza de un niño que se hace visible al sonreír, balbucear o reír.

Para ejercer la fe tenemos que ser dóciles, practicarla con **obediencia** y aprender a **agradecer a Dios** y a nuestros semejantes por todo lo que somos y lo que hemos de ser. La fe es también:

- La fortaleza que nos protege y guarda del enemigo
- La brújula que no nos deja torcer el rumbo
- El río que renueva constantemente nuestra vida
- La mayor provisión que Dios nos da
- El yunque donde se forja el valor, la fuerza y la voluntad
- El respaldo del accionar que nos lleva al máximo bien
- La reafirmación de la confianza en Dios
- La confianza que se genera en la sabiduría interior
- La herramienta para combatir la duda

El cojín de la fe me ayuda y convence de las palabras de Carlos M.M de que: " *el que acoge en la fe el reino de Dios, ya lo posee*". Del mismo modo señala *"porque la fe es la raíz de santidad, de libertad, de justificación, de amor, de perdón".*

34. EL COJÍN DE LA ESPERANZA

"Dios es más grande que los hombres,
Dios es más grande que nuestros fracasos".
S.S. Juan Pablo II

Muchas veces solemos escuchar y también decir *"la esperanza era verde y se la comieron los burros".* Sin embargo, al hacernos eco de esta afirmación ponemos en entre dicho la fe y la caridad, porque al negar la esperanza estamos negando nuestra espera en el poder de Dios, estamos negando que confiamos en Dios, en su promesa y misericordia, volviéndonos vulnerables a las pruebas y sintiéndonos abandonados por Dios. Al negar la esperanza estamos negando la fe que es la que nos da la fuerza para creer firmemente en Dios, en su palabra que es verdad y en su ley que es justa y reivindicadora. Del mismo modo estamos negando la caridad, que es la que nos viene dada por el amor incondicional a Dios, fuente de todo amor al prójimo y a nosotros mismos. La esperanza y la fe en Dios nos lleva a afirmar que *"quien a Dios tiene nada le falta"*, o aquello que dice *"sólo Dios basta".* La esperanza te alimenta manteniéndote firme ante la adversidad. *"La esperanza mantiene"* dice un dicho popular, y mantiene tanto que te nutre y te da la fuerza para seguir, para no desesperar, para creer en la justicia divina, que a veces tarda pero que llega inexorablemente para redimir a quienes la han esperado. Por ello S.S. Juan Pablo II nos recuerda que *"Dios es más grande que los hombres, Dios es más grande que nuestros fracasos"*. Por tanto, esperemos confiados en Él, que no nos defraudará.

Estudios médicos han revelado que asumir como filosofía de vida el optimismo resulta una protección valiosa ya que nos protege contra enfermedades cardiovasculares. Esta protección no sólo es valedera para evitar el cáncer, el estrés y otras enfermedades sino que también previene enfermedades del espíritu pues la esperanza, el optimismo y el positivismo nos hacen más fuertes ante las enfermedades y las situaciones problemáticas que se nos presentan. La falta de esperanza y optimismo hace que no asumamos los compromisos con nosotros mismos y con los demás. *"La esperanza es esa fuerza que no nos defrauda"*, que hace que creamos en que, *"aunque el pabilo de una vela esté quebrado no se apagará"* y que *"aunque la caña este cascada no se quebrará"*.

La esperanza es como la hoja de oliva que apareció en las aguas en torno a la barca de Noe; como el junco verde que anunció a Colón en el océano Atlántico que había tierra cerca; como el arcoíris que surca los cielos en medio de la tormenta; como el rayo de luz que se avizora al final de un túnel; como el color verde de la rama derribada, señal de nuevo retoño; como la inflorescencia del árbol, señal de que pronto habrá frutos.

Los huecos y vacíos que van dejando en nosotros la amargura, la tristeza y el desamor, así como los desiertos y aridez que nos producen las pruebas, las penas y los tormentos nos sacuden haciéndonos tambalear, nos hacen presa del pánico y sólo se pueden soportar a partir de la esperanza y la confianza que depositamos en Dios nuestro creador, pues, *"Dios no da más pruebas que las que podemos soportar"* y *"como no hay tormenta que no amaine"*, con la esperanza pronto llegará para nosotros un nuevo día, sin olvidar que *"la hora más oscura es cuando está por amanecer"* p. s. y la oscuridad que nos niega la posibilidad de ver se hará luz.

35. EL COJÍN DE LA JUSTICIA

"Jehová me ha premiado conforme a mi justicia;
conforme a la limpieza de mis manos me ha recompensado".
Salmo cap.18-20

L a justicia es una de las leyes del universo que rige nuestro accionar en el mundo material y espiritual en que vivimos. Empero, gran parte de nuestra vida la vivimos de espalda a ese mundo de luz. Nos hemos desconectado de ese mundo divino cuyo origen es todo justicia; hemos perdido en gran medida nuestra dignidad y nuestro nivel de conciencia, por tanto nos hemos negado a recibir el bien, la riqueza divina, el éxito; nos hemos negado a vivir de forma justa, hemos caído en el vacío. Para sanar todo esto es necesario llenar esos vacíos desde nuestro interior, encontrarnos con nosotros mismos, con los otros y con Dios. Somos cocreadores del universo y tenemos que reconocer, amar y convivir con amigos, familiares, compañeros y con la sociedad en su conjunto, pero en gran parte del tiempo no somos reconocidos, no somos amados, no somos correspondidos por amigos, compañeros y relacionados y es ahí donde la ac-

ción del cojín de la justicia opera para:
- Sanar todos nuestros traumas.
- Que seamos capaces de armonizar con nuestro entorno.
- Reconciliarnos con las personas que tratamos en el día a día.
- Soltar las cosas que nos hacen daño.
- Llenar nuestros vacíos con cosas positivas.
- No rendirnos en la búsqueda de la verdad.
- No dejarnos rendir por los miedos.
- Liberarnos de pensamientos e ideas que nos hacen daño.
- Perdonar las ofensas.
- Agradecer los favores que nos hacen.
- Ver y sentir el mundo con alegría.
- Dar a los demás lo que les corresponde.
- Perdonar y perdonarnos

Reconocer nuestros vacíos, es entrar en un estado de conciencia que nos impulsa a querer llenarlos; y es ahí cuando el cojín de la justicia opera ayudándonos a conseguir la armonía, la paz, y la reconciliación con nosotros mismos.

La justicia es una de las virtudes cardinales que según San Agustín *"no es egoísta deseando para sí el amor o el bien"*. Quien practica la justicia sabe cómo compartir equitativamente los bienes materiales y del espíritu. A la virtud de la justicia están unidas gran parte de las virtudes sencillas como: **la templanza**, conocimiento pleno de la propia integridad que nos lleva a vivir en paz, en forma justa y a amar a los demás; **la fortaleza**, es la capacidad de soportar a causa de lo que amamos; **la prudencia**, capacidad de discernimiento entre lo que se ve y lo que no se ve, entre lo que beneficia o daña. Según Benjamín Franklin la justicia es *"no perjudicar a nadie, ni haciéndole daño, ni omitiendo lo que es su deber"*, es en otras palabras dar a cada quien lo que merece según sus méritos.

La justicia es una de las virtudes hecha valor que sustenta el nacimiento de nuestra Patria, que no sólo constituye uno de los pensamientos más noble de nuestro patricio Juan Pablo Duarte cuando dijo: *"Se justo lo primero si quered ser libres…"* sino que, además, con estas palabras Duarte emula su accionar dando a cada quién su lugar en la lucha por la independencia. En 1989 tratando de buscar respuesta a la ley universal de la justicia escribí unos versos que hoy 20 años después siguen teniendo gran vigencia y presencia porque seguimos buscando esas *"Señales de justicia"*:

"Cierro mi puño con fuerza,
queriendo atrapar algo impreciso,
pero al blandir el aire me di cuenta
¡qué difícil es!, atrapar con las manos Tu justicia
Esa justicia Señor, que el hombre menosprecia,
y que sólo da valor a sus ganancias,
es la justicia que ordena y reglamenta,
son las señales Señor, de Tu existencia".
(frag. Señales de Justicia)
NB 1989

La justicia divina es el mayor premio que recibimos de Dios y que el salmista David nos deja ver claro cuando dice: *"Jehová me ha premiado conforme a mi justicia; conforme a la limpieza de mis manos me ha recompensado".* Salmo cap.18-20

36. EL COJÍN DE LA INTEGRA-CIÓN

"Para lograr integrarnos tenemos que lograr integrar nuestra humanidad con el planeta y con Dios".
NB

Integración es un término que en el orden político y económico surge en América Latina en el siglo XIX, pero que es a mediados del siglo XX cuando toma auge y es acuñado por Europa y el mundo para resolver sus problemas, primero económicos y luego políticos y sociales hasta convertirse en la posible solución de los problemas del mundo. Sin embargo, los problemas de la humanidad no sólo son económicos, sociales y políticos sino que más bien son de índole humano y su integración con el entorno natural. Una de las grandes preocupaciones del ser humano hoy son las maneras de cómo vamos a integrarnos con el planeta tierra; que es necesario tener un cambio de conciencia con respecto al planeta, pues la tierra está en un proceso de cambio que nos arrastra en forma indefectible y que nos compromete en el sentido de tener un mayor respeto y honrar la tierra y el medio ambiente en la conciencia de que *"somos uno con ella"* y que obedecemos a leyes del universo *"uno es todo y todo es uno, Dios está en el todo y por tanto tu como parte de ese todo, también Dios está en ti".*

Para lograr integrarnos tenemos que lograr integrar nuestra humanidad con el planeta y con Dios.

Los ingredientes del cojín de la integración serán primero los elementos del ciclo constructivo del planeta: tierra, madera, metales, agua, aire, fuego y en lo relativo al yo, cuerpo, mente y espíritu.

El cojín hecho de tierra, madera y metal encierra el gran reto de la humanidad de cuidar el planeta por su gran riqueza, la tierra como centro y madre de todos nosotros, fuente de sabiduría y del conocimiento; la madera, fuente de riquezas, fortunas, prosperidad y abundancia es el elemento de la integración que, activa el fuego elemento de la luz; el metal catalizador de las energías que protegen la tierra y ordenador de todos los demás elementos, por todo ellos debemos:
- Agradecer a Dios por darnos ese gran regalo,
- Ser responsables en el manejo, producción y protección de los recursos,
- Desarrollar una conciencia moral del planeta fruto de las reflexiones sobre el impacto que tienen nuestras acciones sobre el medio ambiente,
- Cuidar el uso de los recursos energéticos, el manejo de los desperdicios, cuidado de los árboles y las cuencas acuíferas.

Cuando el cojín de la integración lo lleno con agua elemento de la fluidez, éste tiene una fuerza inconmensurable, pues constituye el 75% de nuestro cuerpo y del mismo modo las dos terceras parte del planeta. Esta agua es vital para nuestra existencia, pero también se puede convertir, si se maneja mal, en un arma mortal para la supervivencia del planta y de los seres humanos.

Cuando llenamos el cojín con aire estamos llenando el cojín con vida pues, el aire es vida, de ahí que el milagro de la vida descansa en un inhalar y un exhalar convirtiendo a esta actividad orgánica en algo divino y muestra de la presencia de Dios. Todos estos elementos integrados en forma de encuentro constituyen una fuerza extraordinaria que nos mantiene en equilibrio entre: lo positivo y lo negativo, lo bueno y lo malo, el yin y el yang, la luz y la sombra, el karma y el darma, la claridad y la oscuridad, el alfa y omega.

El cuerpo, la mente y el espíritu forman una unidad conectada e integrada de forma única en una totalidad ámbital. Cuando aprendemos a conectar cada una de estas partes logramos una armonía vital que no sólo nos integra como personas sino que más bien nos integra con nuestro entorno. Nuestro cuerpo es una dinámica en movimiento que va describiendo lo que sentimos, lo que queremos y lo que no queremos, somos un engranaje donde cada parte se mueve en íntima integración con la otra.

Los cambios que se están dando en el planeta demandan de nosotros que seamos seres humanos capaces de integrarnos en el todo, de modo que nuestra relación con el cosmos genere el bien al que aspiramos y venga a nosotros sin el perjuicio de nadie.

AGRADECIMIENTOS

Agradecer es una ley universal que nos motiva a dar gracias, acción que activa las demás leyes del universo, cuando somos agradecidos se produce un retorno de la gracia divina multiplicada y nos lleva a bendecir nuestro "maestro interno", a desprendernos para evolucionar, para transformarnos y para convertirnos en mejores personas.

Agradezco a Dios Padre por que en su bondad infinita nos da el DON de DAR; a Dios Hijo por prodigarnos el mas puro AMOR y hacernos dadores alegres; a Dios Madre que con su gracia infinita encarna el DON de DAR AMOR.

Por todo esto agradezco y bendigo el apoyo, disposición y comprensión de mi esposo y mis hijos por estar siempre presente en los buenos y menos buenos momentos de mi vida.

A mis nietos que me obligan a pensar en un mundo mejor para que puedan soñar y hacer realidad esos sueños.

A mis alumnos y alumnas de la UCSD que me inspiraron e hicieron posible mi necesidad de querer ayudarlos y acompañarlos en su arduo camino a la formación.

A la arquitecta Lourdes Díaz responsable de que podamos acceder con mayor y mejor calidad a estas paginas.

Al periodista Emiliano Reyes sus aportes en forma incondicional en la corrección de Estilo y por su empatia con nuestro trabajo.

Al arquitecto Gilberto Hernández por creer en el proyecto y darnos su apoyo.

A mi asistente Ángel Alcántara Ramírez por su colaboración y apoyo incondicional cada vez que fue solicitado.

A mis compañeros y amigos de la UCSD que me acompañaron en la vivencia de estas experiencias.

www.ingramcontent.com/pod-product-compliance
Lightning Source LLC
Chambersburg PA
CBHW051829040426
42447CB00006B/436